高等职业教育创新创业系列教材

情景式可视化创业成果与案例

教创孵投成果与案例

陈宏　翟树芹　许宝利　编著

南京大学出版社

图书在版编目（CIP）数据

教创孵投成果与案例 / 陈宏，翟树芹，许宝利编著
. -- 南京：南京大学出版社，2020.10
ISBN 978-7-305-23446-0

Ⅰ.①教… Ⅱ.①陈… ②翟… ③许… Ⅲ.①大学生
- 创业 - 高等职业教育 - 教材 Ⅳ.①G647.38

中国版本图书馆CIP数据核字（2020）第104409号

高等职业教育创新创业系列教材

情景式可视化创业成果与案例

教创孵投成果与案例

陈宏　翟树芹　许宝利　编著

出 版 者	南京大学出版社		
社　　址	南京市汉口路22号	邮　编：	210093
出 版 人	金鑫荣		

书　　名	教创孵投成果与案例		
编　　著	陈宏　翟树芹　许宝利		
责任编辑	尤　佳	编辑热线	025-83592315
照　　排	南京新华丰制版有限公司		
印　　刷	南京凯德印刷有限公司		
开　　本	889×1194　1/16　印张8.75　字数259千		
版　　次	2020年10月第1版　2020年10月第1次印刷		
ISBN	978-7-305-23446-0		
定　　价	52.50元		

网　　址	http://www.njupco.com
发行热线	025-83594756　83686452
电子邮箱	press@NjupCo.com
	sales@NjupCo.com（市场部）

* 版权所有，侵权必究
* 凡购买南大版图书，如有印刷质量问题，请与所购图书销售部门联系调换

情景式可视化创新创业教材丛书编委会

主 任 委 员：翟树芹

副主任委员：许宝利　李　燕

编委（排名不分先后）：

刘　隽　陈　宏　唐　磊　梁芬芬　张艳荣　陈晓业　陈松燔　钟卫民　葛晓明
殷　明　林　青　丁炎卿　青刘斯林　钟雪丽　曹　菲　申　铭　陈泓浩
张晓菊　黎海燕　何　花　韩世万　王琼华　胡越鹏　陈子群　林思斯　刘海英

创新创业教学改革
要具备打造"大闭环"的能力

创新创业教学改革是一个持续、渐进、相互关联的系统工程，如果没有前瞻性的整体规划和布局，很容易步入"头痛医头，脚痛医脚"的形而上学误区。所以，创新创业教学改革的整体设计关系到教学改革目标能否实现、能走多远、教学改革成果能否传承的问题。

2013年4月广东岭南职业技术学院和广东卓启投资有限公司以双主体办学的方式成立了创业管理学院（广东岭南职业技术学院文件：岭南高职院字【2013】3号），使创业管理学院成为广东岭南职业技术学院创新创业教学改革的策源地。创业管理学院在创建之初就制订了《教创孵投一体化创新创业教学改革方案》，以创业管理学院课程改革切入，以多种类型的创业特训营落地训练，以孵化园和教学实践基地（众创空间）的模式增进大学生创业项目孵化，学院与企业、创投机构加强合作，以天使投资的方式增进创业项目增值和扩大发展的能力，在"教、创、孵、投"四个环节上，层层推进、首尾相连、形成良性循环，全面深化创新创业教学改革与实践。

创新创业教学改革，课程改革先行。广东岭南职业技术学院中小企业创业与经营专业教研室（原属创业管理学院）的课程改革是以形成有特色、有体系、可传承的创新创业系列教材为目标的。中小企业创业与经营专业课研组自2017年8月正式出版《实体经营》开始，截至2020年2月共陆续出版了八种情景式可视化全彩色创新创业教材和一种创业教学工具书《创业综合词典汇》。中小企业创业与经营专业课研组开发和出版的系列教材分别对应创业公共必修课、创业专业课和创业实训课三大类别，为创业教学、创新创业训练营和创业项目孵化奠定了坚实的基础。

创新创业训练营是广东岭南职业技术学院的"创业型大学"特色之一，自2013年11月第一期百日成金创业特训营开始，坚持在全校持续开设跨专业创业集训营、"2+1"创业特训营和"5+3"创业综合营，在"将创业理念转换为创业训练动作"方面锻炼了师资队伍，并积累了比较丰富的创业训练经验。在创业项目孵化方面，从2014年9月，已经孵化和正在孵化的项目有：珍眼夫、肥圆圆、卖啊蜜、升谷、茁曦调研、摄氏度、七羽游戏、大数据、J&D、星骐动漫、食呈到、V旅游、微饰、陆拾杯、影特、云方、娇兰倩、微淘联盟、美优电子、Less Style Studio、Galaga、Poni、星迹科技、海蝶振翅、火鸡、订尚等几十个，年营收百万以上有五个。在创业项目投资方面，2015年6月广东卓启投资有限公司对3个学生团队项目进行了天使投资，有的项目已经孵化出园并又投资了新的孵化项目，成为阶梯式循环孵化的开创者。合作伙伴杭州直通车科技有限公司2018年2月投资3000万元打造车联网生态圈项目"九紫人•车•生活"，进一步增强人才培养和创业教学，深入优化创新创业教学改革。

本书《教创孵投成果与案例》是对广东岭南职业技术学院七年创新创业教学改革探索和实践成果的总结，既有教学理念又有体系设计，既有成系统的可视化思维导图又有多维启迪，既有创业实践过程又有创业案例分享，更有对未来创业投资方向的把握和展望。创新创业教学改革要具备打造"大闭环"的能力，为培养"实干型创业与创新型就业结合"的复合型高职人才贡献力量。

陈宏

2020年9月于广州

目 录 CONTENTS

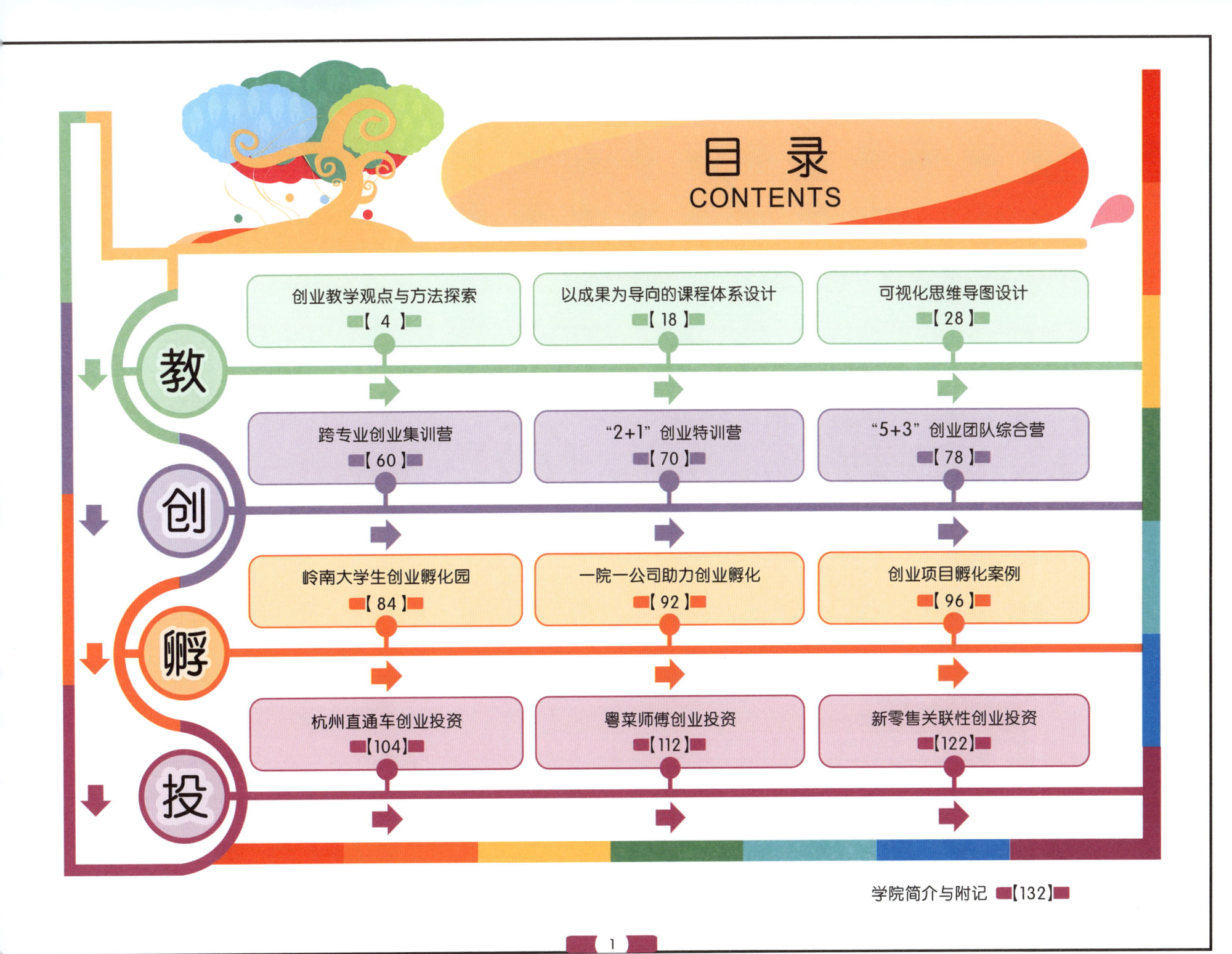

教

- 创业教学观点与方法探索 【4】
- 以成果为导向的课程体系设计 【18】
- 可视化思维导图设计 【28】

创

- 跨专业创业集训营 【60】
- "2+1"创业特训营 【70】
- "5+3"创业团队综合营 【78】

孵

- 岭南大学生创业孵化园 【84】
- 一院一公司助力创业孵化 【92】
- 创业项目孵化案例 【96】

投

- 杭州直通车创业投资 【104】
- 粤菜师傅创业投资 【112】
- 新零售关联性创业投资 【122】

学院简介与附记 【132】

教　创　孵　投

做中小微企业的"创业牛"

中小企业创业与经营专业 创业牛

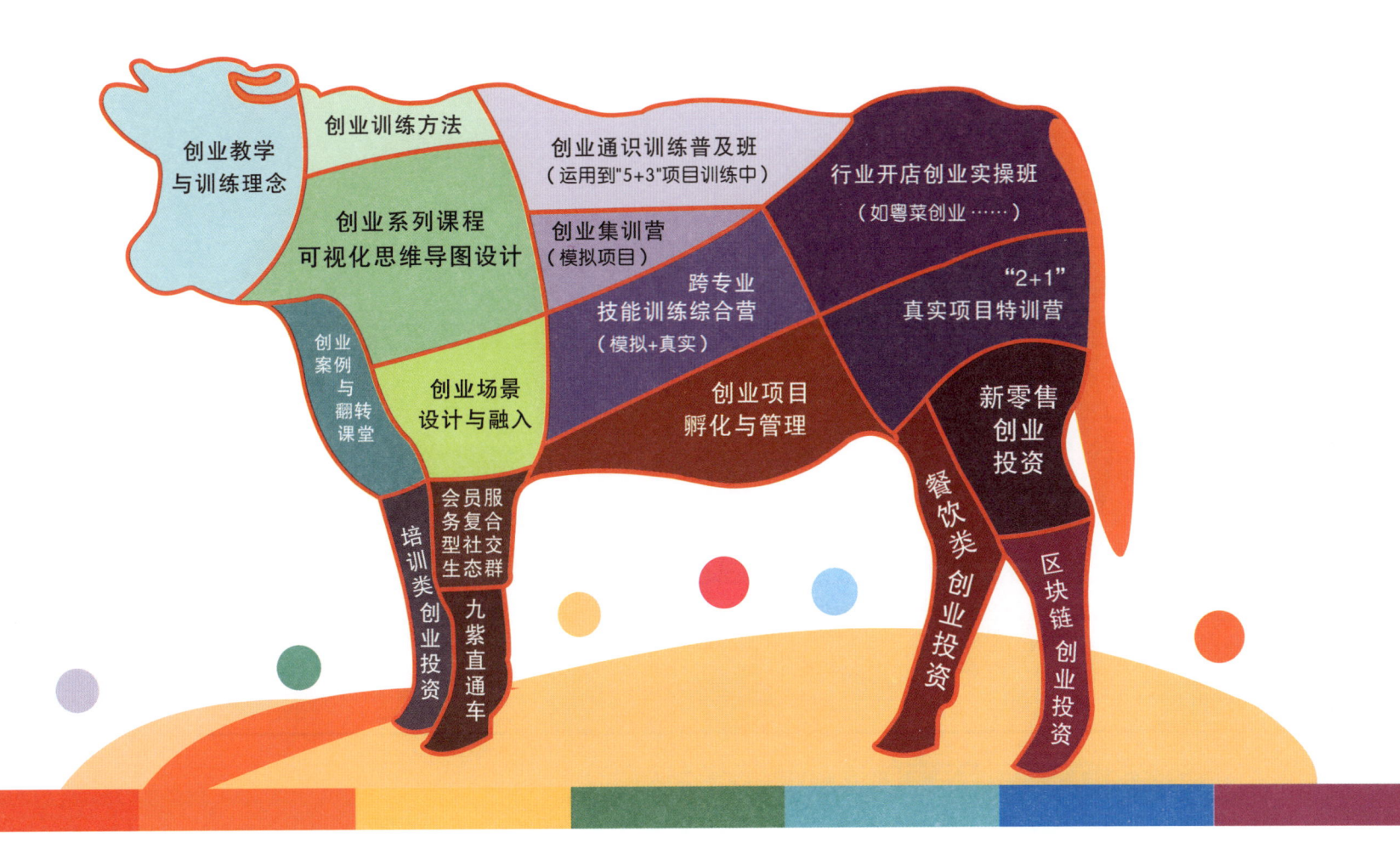

一、创业教学观点与方法探索

教 创业教学观点与方法探索

可视化翻转课堂

"三教"与创业教学和训练理念关联图

广东岭南职业技术学院

- 岭南创业管理学院（2013年4月–2019年7月）
- 中小企业创业与经营专业（2015年5月– ）

大学生创业教学与训练 | 创业教学与训练理念 | 大学生创业教学与训练

教材（情景式可视化）

截止2019年12月31日，中小企业创业与经营专业教研室自主研发的情景式可视化创新创业系列教材丛书（见下图），全部由南京大学出版社出版。

教材名称	作者	出版时间
实体经营	陈宏 编著	2017.08
创新思维与创业基础	陈宏 叶亚芳 编著	2017.10
创新创业基础	陈宏 叶亚芳 编著	2018.03
创业技能训练	陈宏 王有红 刘隽 编著	2018.06
创业综合管理	陈宏 张锦喜 刘隽 编著	2018.08
创业综合词典汇	陈宏 王有红 刘隽 主编	2018.08
创业经营实战	陈宏 牛玉清 唐磊 编著	2019.04
创新创业10步法	陈宏 张锦喜 颜萍 编著	2019.06

教师（创业导师）

创业导师团队

- 【陈宏】校首席创新创业导师
- 【刘隽】创业特训专班首席导师
- 【丁炎】创新创业项目训练导师
- 【唐磊】创业营销导师
- 【张艳荣】创业实训导师
- 【梁芬芬】创业财务导师
- 【陈晓业】创业团队导师
- 【张玉亮】校企合作导师

中小企业创业与经营专业基本介绍

广东岭南职业技术学院中小企业创业与经营专业为广东省教育厅立项建设的省级二类品牌专业。2015年5月经教育部批准设立"中小企业创业与经营专业"。专业坚持"创新型就业和实干型创业结合"的复合型人才培养方针，充分依托企业经营和学校教学管理优势，是"情景式教学+递进式训练+实训化运营+项目化落地"循环共生创业生态系统的开创者。截止2020年3月，中小企业创业与经营专业培养和训练各类学生总数超过6000人，自主研发并出版的8种情景式可视化创业教材已在十几所高校、有超过5万学生使用。

教法（反思+行动）

教法一：体验式

锻练强度	弱	中	强
反思力			✓
行动力		✓	

教法二：提问式

锻练强度	弱	中	强
反思力			✓
行动力		✓	

方法三：游戏式

锻练强度	弱	中	强
反思力	✓		
行动力		✓	

方法四：讲授式

锻练强度	弱	中	强
反思力		✓	
行动力	✓		

拓展教练 / 赋能导师 / 教师·专家 / 企业教练

大学生成长：创业经历、发明、创新、创意、问题、方案、商业模式、案例、知识

广东岭南职业技术学院中小企业创业与经营专业
情景式可视化创新创业系列教材开发与应用导图

创业通识教材

第二版：创新创业基础 / 第一版：创新思维与创业基础

第一模块：创业思维训练
- 【创新思维训练】之一：横向思维与创新
- 【创新思维训练】之二：辩证思维与创新
- 【创新思维训练】之三：萃智思维与创新
- 【创新思维训练】之四：互联网思维与创新

第二模块：创业基础训练
- 【创业基础训练】之一：创业需要心理准备
- 【创业基础训练】之二：创业需要创造条件
- 【创业基础训练】之三：创业需要捕捉机会
- 【创业基础训练】之四：创业需要团队协作
- 【创业基础训练】之五：创业需要项目落地
- 【创业基础训练】之六：创业需要人脉与组织
- 【创业基础训练】之七：创业相关流程与法律知识
- 【创业基础训练】之八：创业需要商业计划书

创业专业教材

实体经营

第一模块：实体门店建店基础
- 之一：商圈确定
- 之二：门店选址
- 之三：门店租赁
- 之四：门店招牌
- 之五：店内布局
- 之六：门店采购流程
- 之七：便利店陈列
- 之八：水果店陈列
- 之九：面包店陈列
- 之十：服装店陈列
- 十一：门店策划与宣传
- 十二：门店开业

第二模块：实体门店业绩提升
- 之一：赢在终端之导购
- 之二：赢在终端之销售
- 之三：赢在终端之店长
- 之四：赢在终端之会员

第三模块：实体企业连锁经营
- 之一：连锁概念解析
- 之二：连锁历程
- 之三：连锁企业五阶段
- 之四：连锁系统
- 之五：流程与持续发展
- 之六：特许经营体系

创业综合管理

第一模块：创业种子管理
- 之一：创业种子识别
- 之二：产品痛点
- 之三：产品定位
- 之四：客户需求
- 之五：客户细分
- 之六：客户收益
- 之七：项目路演
- 之八：项目落地

第二模块：创业土壤管理
- 之一：团队管理
- 之二：品牌战略
- 之三：流程、制度与文化
- 之四：员工与客户满意
- 之五：价值主张与诉求
- 之六：整合创业资源

第三模块：创业时机管理
- 之一：创业时机与趋势
- 之二：寻找创业机会
- 之三：评估创业胜算
- 之四：把握人性弱点
- 之五：风起云涌的市场
- 之六：创业故事

创业技能训练

第一模块：创业管理基础技能训练
- 【管理技能训练】之一：团队建立与股权设计技能
- 【管理技能训练】之二：创业误区管理技能
- 【管理技能训练】之三：产品开发管理技能
- 【管理技能训练】之四：产品设计管理技能
- 【管理技能训练】之五：获取用户管理技能
- 【管理技能训练】之六：用户体验管理技能

第二模块：创业运营基础技能训练
- 【运营技能训练】之一：企业运营基础技能
- 【运营技能训练】之二：产品运营基础技能
- 【运营技能训练】之三：生命周期运营基础技能
- 【运营技能训练】之四：财务分析基础技能
- 【运营技能训练】之五：店铺运营基础技能

第三模块：创业技能之情景游戏
- 【创业情景游戏】之一：企业月度运营周期
- 【创业情景游戏】之二：供给与需求动态平衡

创业配套知识工具书

创业综合词典汇
- 【创业综合词典汇】之一：商业模式词典汇
- 【创业综合词典汇】之二：经济学词典汇
- 【创业综合词典汇】之三：团队建设词典汇
- 【创业综合词典汇】之四：市场营销词典汇
- 【创业综合词典汇】之五：市场调查与预测词典汇
- 【创业综合词典汇】之六：质量管理词典汇
- 【创业综合词典汇】之七：经济法词典汇
- 【创业综合词典汇】之八：产品设计与研发词典汇
- 【创业综合词典汇】之九：人力资源管理词典汇
- 【创业综合词典汇】之十：公共关系管理词典汇
- 【创业综合词典汇】十一：财务基础词典汇
- 【创业综合词典汇】十二：股权激励词典汇

创业实训教材

创新创业10步法
- 【大学生创新创业】第一步：测试创业基因
- 【大学生创新创业】第二步：判断创业时机
- 【大学生创新创业】第三步：了解创业基本规则
- 【大学生创新创业】第四步：研究项目市场空间
- 【大学生创新创业】第五步：设计与开发产品
- 【大学生创新创业】第六步：选择营销渠道
- 【大学生创新创业】第七步：企业类型与创业政策
- 【大学生创新创业】第八步：财务分析与风险预测
- 【大学生创新创业】第九步：资源整合与创业融资
- 【大学生创新创业】第十步：企业创办与经营模式

创业经营实战
- 【创业经营实战】之一：多种创业实战思维训练
- 【创业经营实战】之二：商标与产品打造
- 【创业经营实战】之三：市场容量与项目判断
- 【创业经营实战】之四：产品定价与利润
- 【创业经营实战】之五：市场导入期经营与管理
- 【创业经营实战】之六：品类与品牌战略
- 【创业经营实战】之七：产品复购与重复使用
- 【创业经营实战】之八：竞争与创新创业
- 【创业经营实战】之九：人力资源与人才获取
- 【创业经营实战】之十：企业运营与模块组合
- 【创业经营实战】十一：经营现金流与财务报表
- 【创业经营实战】十二：创业方案策划与融资

餐饮创业培训教材

粤菜创业10步法
- 【粤菜创业】第一步：餐饮创业测评
- 【粤菜创业】第二步：餐饮定位与投资规划
- 【粤菜创业】第三步：商圈调查与门店选址
- 【粤菜创业】第四步：门店获取与门店装修
- 【粤菜创业】第五步：菜品设计与菜单制作
- 【粤菜创业】第六步：餐饮采购与实施要点
- 【粤菜创业】第七步：财务预测与风险分析
- 【粤菜创业】第八步：餐饮招聘与店员辅导要点
- 【粤菜创业】第九步：开业前准备与开门营业
- 【粤菜创业】第十步：餐饮日常经营管理要点

创业教学观点与方法探索

可视化翻转课堂

广东岭南职业技术学院
中小企业创业与经营专业陈宏老师提出的创业教学观点之一

创业教师应是情景式教案的设计者，生动化课堂的参与者和创新创业成果的促成者。

创业教师不应是标准答案的制定者，理论知识的灌输者和答案对错的裁判者。

| 如果有更好的建议和看法，请写下来。 ➡ | 教 师 | 学 生 | ⬅ 如果有更好的建议和看法，请写下来。 |

广东岭南职业技术学院中小企业创业与经营专业

情景式可视化创新创业系列教材开发主要特色

以《实体经营》教材为例

情景式 — 呈现真实创业场景

创新创业训练教材的情景式设计既不是在课堂上设置几个概念化场景，也不是在教材中用纯文字描述场景，而是用全部用情景画面来呈现开店和创业真实场景。

这些画面按照开店的完整过程，根据递进式课程章节来设计，与简要的文字融合，将情景画面在教材中连贯呈现。如《实体经营》中的商圈确定和门店选址，画出了商圈和门店的情景图，并描述了商圈人口、消费能力、门店租金等，让人身临其境。

可视化 — 生动演练经营过程

《实体经营》教材呈现的经营与管理过程，不仅能让教师和学生看得见、摸得着，还数得清，并在此基础上进行生动演练。

如果说情景式设计场景范围比较大，那么可视化主要用于道具，用道具对近景进行具体呈现。如便利店陈列图上画出了上百种便利店商品和分好区域的货架（标出了长宽高），学生在课堂上按照不同的陈列原则进行任务演练。

互动视 — 真正实现翻转课堂

情景式、可视化的教材是翻转课堂的前提条件，否则学生脑海里没有形象的东西，就没有办法进行角色转换和翻转课堂。只有翻转课堂，老师和学生进行互动，学生才能对创业知识理解和吸收，进而转成动作去反复演练，真正形成创业技能。

以实体经营教材为例（见左图）：陈宏老师上实体经营课时现场拍摄的照片及课程包、任务纸和教学道具等。

8

创业教学观点与方法探索

可视化翻转课堂

广东岭南职业技术学院
中小企业创业与经营专业陈宏老师提出的创业教学观点之二

- 创业教学需要教师在教学中产生持续的激情，而能产生持续激情的真正源头是热爱。

- 喜欢和热爱是有很大差别的：喜欢是因为……所以……，热爱是即使……仍然……，教学需要热爱。

如果有更好的建议和看法，请写下来。 → **教 师**	**学 生** ← 如果有更好的建议和看法，请写下来。

广东岭南职业技术学院中小企业创业与经营专业

创新创业教育模式下的教学方法探讨

创新创业教育模式：孵化式 | 导师+项目+团队 | 渐进式 | 一体两翼 | 云创业平台 | 以赛促教促学

创新创业教学模式属于创新创业教育模式范畴，是在一定的理念指导下，通过对各个教学环节和方法的优化组合，建立比较典型、高效、稳定的教学程序或教学结构。

教学方法包括教师教的方法和学生学的方法，是教与学的方法统一。 ➡ **创新创业教学方法** ⬅ 教学方法必须依据学习方法，否则不能有效地达到预期教学目的。

1. 情景式教学法
请在以下对应的选项中打"√"

角色\接受度	喜欢	一般	抵触
教师意见			
学生意见			

2. 角色扮演法
请在以下对应的选项中打"√"

角色\接受度	喜欢	一般	抵触
教师意见			
学生意见			

3. 案例教学法
请在以下对应的选项中打"√"

角色\接受度	喜欢	一般	抵触
教师意见			
学生意见			

4. 直观教学法
请在以下对应的选项中打"√"

角色\接受度	喜欢	一般	抵触
教师意见			
学生意见			

5. 同伴互助教学法
请在以下对应的选项中打"√"

角色\接受度	喜欢	一般	抵触
教师意见			
学生意见			

6. 讲授法
请在以下对应的选项中打"√"

角色\接受度	喜欢	一般	抵触
教师意见			
学生意见			

7. 阅读教学法
请在以下对应的选项中打"√"

角色\接受度	喜欢	一般	抵触
教师意见			
学生意见			

8. 视听教学法
请在以下对应的选项中打"√"

角色\接受度	喜欢	一般	抵触
教师意见			
学生意见			

9. 示范教学法
请在以下对应的选项中打"√"

角色\接受度	喜欢	一般	抵触
教师意见			
学生意见			

10. 小组讨论法
请在以下对应的选项中打"√"

角色\接受度	喜欢	一般	抵触
教师意见			
学生意见			

11. 实际演练法
请在以下对应的选项中打"√"

角色\接受度	喜欢	一般	抵触
教师意见			
学生意见			

12. 训练他人法
请在以下对应的选项中打"√"

角色\接受度	喜欢	一般	抵触
教师意见			
学生意见			

13. 体验式教学法
请在以下对应的选项中打"√"

角色\接受度	喜欢	一般	抵触
教师意见			
学生意见			

14. 自主探究教学法
请在以下对应的选项中打"√"

角色\接受度	喜欢	一般	抵触
教师意见			
学生意见			

15. 启发式教学法
请在以下对应的选项中打"√"

角色\接受度	喜欢	一般	抵触
教师意见			
学生意见			

16. 答疑式教学法
请在以下对应的选项中打"√"

角色\接受度	喜欢	一般	抵触
教师意见			
学生意见			

17. 道具教学法
请在以下对应的选项中打"√"

角色\接受度	喜欢	一般	抵触
教师意见			
学生意见			

18. 游戏式教学法
请在以下对应的选项中打"√"

角色\接受度	喜欢	一般	抵触
教师意见			
学生意见			

19. 提问式教学法
请在以下对应的选项中打"√"

角色\接受度	欢迎	一般	抵触
教师意见			
学生意见			

20. 教练式提问法
请在以下对应的选项中打"√"

角色\接受度	欢迎	一般	抵触
教师意见			
学生意见			

21. 导师指导法
请在以下对应的选项中打"√"

角色\接受度	欢迎	一般	抵触
教师意见			
学生意见			

22. 练习教学法
请在以下对应的选项中打"√"

角色\接受度	欢迎	一般	抵触
教师意见			
学生意见			

23. 项目实训法
请在以下对应的选项中打"√"

角色\接受度	欢迎	一般	抵触
教师意见			
学生意见			

24. 实习/实战法
请在以下对应的选项中打"√"

角色\接受度	欢迎	一般	抵触
教师意见			
学生意见			

创业教学观点与方法探索

可视化翻转课堂

广东岭南职业技术学院
中小企业创业与经营专业陈宏老师提出的创业教学观点之三

创业导师是火种，创业的大学生是火把，火种点燃火把是一个用心和技能传递的过程。

点燃创业的火把，需要创业导师来引导和传承：聚是一团火，散是满天星！

如果有更好的建议和看法，请写下来。 ➡ **教 师** | **学 生** ⬅ 如果有更好的建议和看法，请写下来。

广东岭南职业技术学院中小企业创业与经营专业

关于多种翻转课堂教学模式的探讨

基于知识学习型的翻转课堂教学模式

知识学习型的翻转课堂教学模式，是指学生在课前或课外观看教师的视频讲解，自主学习。教师不再占用课堂时间来讲授知识，课堂变成了老师学生之间和学生与学生之间互动的场所，包括答疑解惑、合作探究、完成学业等，从而达到比灌输式教学更好的学习效果。

美式翻转课堂

课堂内
- 课后安排
- 课堂任务
- 协作探究
- 交流收获
- 提出困惑
- 整理收获
- 自定进度
- 自主学习

课堂外

中式翻转课堂

课堂内
- 布置预习
- 知识拓展
- 点评小结
- 交流答疑
- 提出困惑
- 整理不理解
- 找出难点
- 课前预习

课堂外

中小企业创业与经营专业翻转课堂模式

中小企业创业与经营专业的翻转课堂全部在课堂上完成，属知识运用型：根据教材上设计好的图和任务，分团队讨论，按照图上设定的线索用手机查找案例（或结合身边实际例子），各团队分别上台呈现讲解，教师课堂上与学生互动，教学相长。

每次课的翻转课堂情景图+配套的任务设计

翻转课堂情景图和任务纸配套全部集合在情景式可视化教材中。上图为"创新创业10步法"第二次课的内容。

教学和游戏互动部分道具

支持课程预期学习成果达成的主要学习载体

1. 翻转课堂情景图
2. 教材配套的任务纸
3. 个人与团队创业系列测试题
4. 教学道具与游戏道具
5. 大画纸与彩笔等
6. PPT课件
7. 课程规范或授课说明

创新创业系列课程现场实景

2017级中小企业与创业经营班学生在课堂上进行团队式演练和翻转课堂

12

教 创业教学观点与方法探索

广东岭南职业技术学院
中小企业创业与经营专业陈宏老师提出的创业教学观点之四

中小企业创业与经营专业的课堂教学是允许学生使用手机的，学生团队上课通过手机根据情景式可视化教材的线索和启发寻找适合的案例上台讲解，翻转课堂。

学生在课堂上担当老师的角色很快乐，而且这种快乐更加有尊严，内心有满满的收获感。

| 如果有更好的建议和看法，请写下来。 ➡ | **教 师** | **学 生** | ⬅ 如果有更好的建议和看法，请写下来。 |

广东岭南职业技术学院中小企业创业与经营专业

创新创业项目训练与创业项目落地的模型设计

模拟训练 | 真实创业

本模型设计：陈宏

知本　　资本　　智本

知识转化为资本 →　　　　　　　　　← 智慧转化为资本

持续发展力 （战略与布局） 九	团队执行力 （组织与流程） 五	机构形象力 （行为与视觉） 七	实现良好的 自由现金流 九	资金实现 正常周转 五	多轮股权 融资方案 七
品牌升值力 （口碑与价值） 八	融知 共智 一	市场突破力 （商机把握） 三	资金到位 发展增速 八	融资 共赢 一	多渠道 筹措启动金 三
人才培养力 （机制与制度） 四	市场营销力 （整合与业绩） 六	产品竞争力 （调研与设计） 二	经营产生 净现金流 四	扩大规模 资金计划 六	创业项目 资金计划 二

14

创业教学观点与方法探索

广东岭南职业技术学院
中小企业创业与经营专业陈宏老师提出的创业教学观点之五

创业训练是没有标准答案的，只有参考答案。通常每件事至少有四个面：你的一面，我的一面，他的一面，事实真相的一面，站在哪一面看都是对的。

如果说还有第五面的话，那就是未知的一面，所以需要我们不断去探索。

| 如果有更好的建议和看法，请写下来。 ➡ | 教师 | 学生 | ⬅ 如果有更好的建议和看法，请写下来。 |

广东岭南职业技术学院中小企业创业与经营专业

创业教学导入课"'玩'转创新思维"分享

■ "玩"转创新思维特色介绍

1. 陈宏老师开发的创业教学导入课"'玩'转创新思维",能将创业理念转换为可以训练的动作,在训练过程中,学生的收获看得见、摸得着,甚至还数得清。

2. 充分利用"四巧板""明日环""神龙摆尾"等教学道具,运用高动作和高启发融合的引导式教练技术,让学生在身临其境的体验中,思考和寻找解决的路径和方法。

■ 2个学时的"玩"转创新思维实施步骤

1. 以快板和故事的形式与学生分享(破冰),主题是改变。
2. 与学生分享一个创新商业模式的案例,引发创新思考。
3. 用四个道具游戏演示,呈现与创业高度相关的要素。
4. 学生团队演练,老师进入团队辅导。
5. 学生翻转课堂,畅谈体验和心得。

游戏一:四巧板与T字形团队

横:团队成员广泛的融合知识。
竖:垂直的精深技能。

游戏二:神龙摆尾与创业

1. 找准方向; 2. 形成核心中轴团队;
3. 打好基础,积累经验; 4. 顺势而为。

游戏三:明日环与资金链

1. 资金链
2. 人脉圈
3. 运营成本
4. 经营收入
5. 避开陷阱

游戏四:创业团队与借力

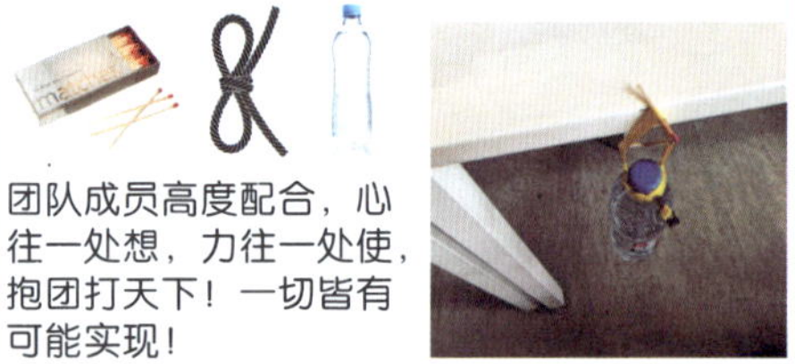

团队成员高度配合,心往一处想,力往一处使,抱团打天下!一切皆有可能实现!

改 变   作词:陈宏

你在变　　　　人间这座大观园
我在变　　　　精彩纷呈
这个世界天天变　遐想无限
昨天还在坐飞机　生活品质要提升
今天就要乘火箭　自己观念先要变
追着神十上了天　人生百年
飞到太空　　　渺如青烟
做神仙　　　　想要的生活
做神仙　　　　就在眼前

飞了一圈又一圈　如果真的让我来挑选
神仙做久也厌倦　健康快乐一万年
只羡鸳鸯不羡仙　健康快乐
幸福还是在人间　一万年!

羊毛出在什么身上?

与学生分享一个创新商业模式的案例

借助经典道具,用四个体验式游戏呈现与创业高度相关的要素。

玩

创业教学观点与方法探索

可视化翻转课堂

关于创业课堂呈现形式的思考

老 师	学 生

二、以成果为导向的课程体系设计

教 | 以成果为导向的课程体系设计

可视化翻转课堂

成果为导向的前提是结果导向，结果导向的核心是问题导向

以结果为导向是一种思维方式，善于发现和分析问题，既要有创新意识和创意角度，又要具备强烈的责任心和敬业精神。

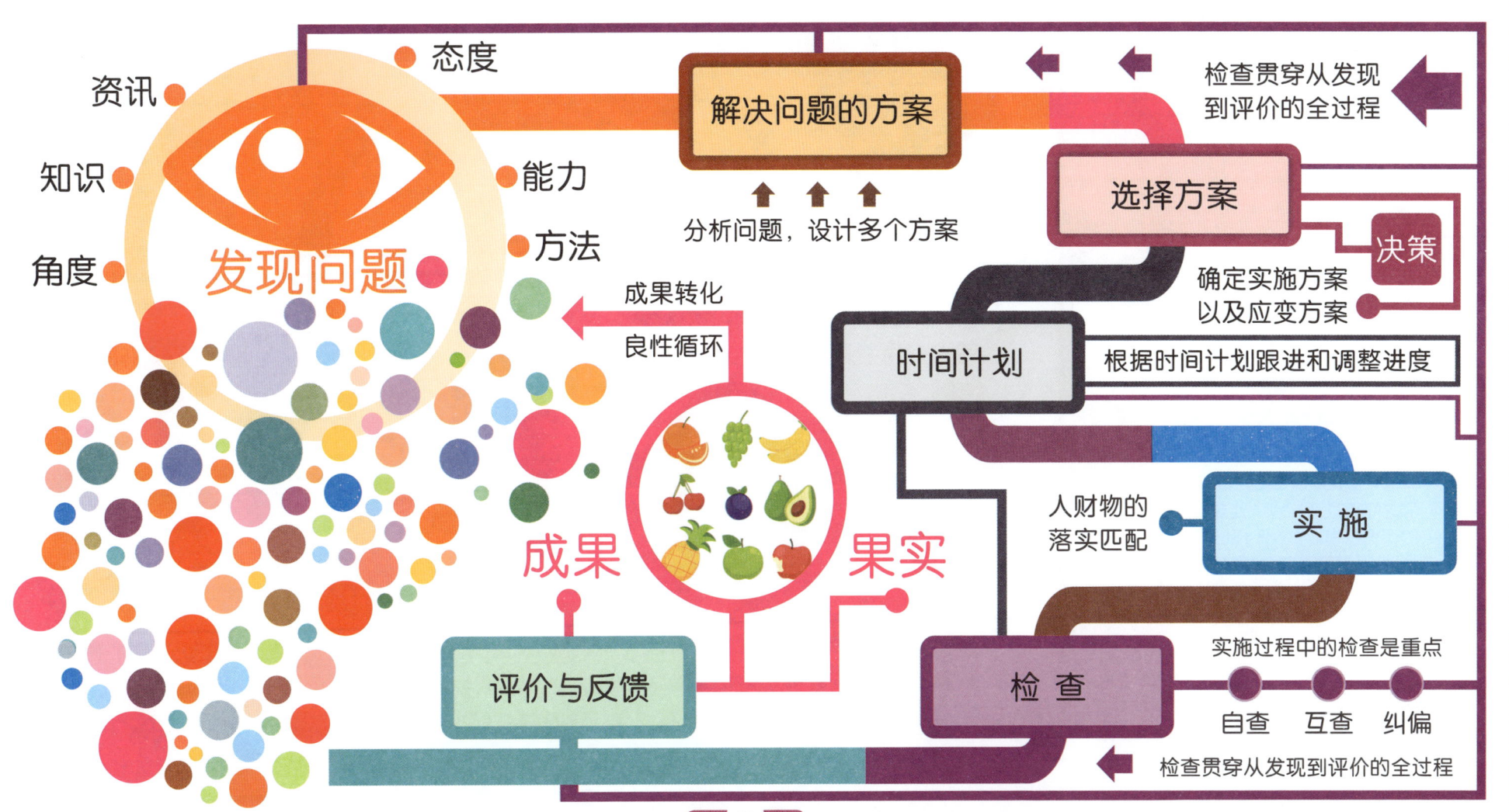

- 资讯
- 知识
- 角度
- 态度
- 能力
- 方法

发现问题

解决问题的方案

分析问题，设计多个方案

选择方案 — 决策

确定实施方案以及应变方案

时间计划 — 根据时间计划跟进和调整进度

成果转化
良性循环

成果 果实

人财物的落实匹配

实 施

评价与反馈

检 查 — 实施过程中的检查是重点

自查　互查　纠偏

检查贯穿从发现到评价的全过程

19

创新创业系统建设之课程体系规划图

广东岭南职业技术学院

- 岭南创业管理学院（2013年4月—2019年7月）
- 中小企业创业与经营专业（2015年5月—）

特色课程 ＋ 实训课程：中小企业创业与经营专业特色课程和实训课程根据学期进阶情况适时接入。

课程体系规划图说明

根据中小企业创业与经营专业课程体系规划图，可制作成12层加一个海底天池的大转盘，不同的层之间相互衔接，可独立也可合并：将设计好的课程名称放置在不同的层级和环节上，可以清晰地看到在不同的学期分布有哪些课程，哪些课程应该前置，哪些课程应该后置，都能一目了然。

中小企业创业与经营专业课程体系规划图也是一个进行课程体系设计的模型，各学期进阶课程和相关课程可以动态调整。不同的课程设置不同的学分和学时，授课老师容易沟通和配合，学生对课程体系也容易了解和统一认识。

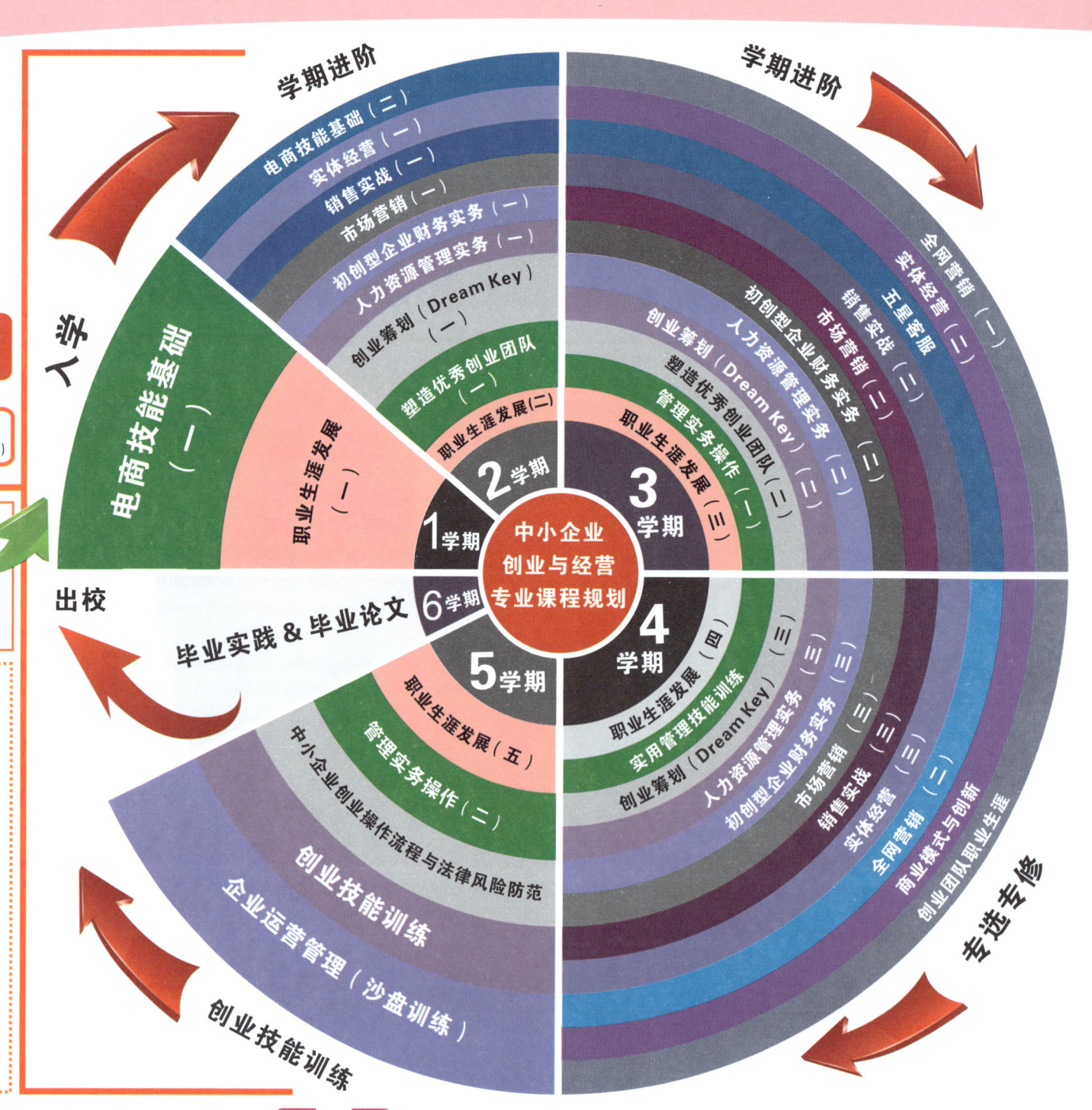

中小企业创业与经营专业课程规划

入学 → 学期进阶 → 专选专修 → 出校

1学期
- 电商技能基础（一）
- 职业生涯发展（一）

2学期
- 电商技能基础（二）
- 实体经营（一）
- 销售实战（一）
- 市场营销（一）
- 初创型企业财务实务（一）
- 人力资源管理实务（一）
- 创业筹划（Dream Key）（一）
- 塑造优秀创业团队（一）
- 职业生涯发展（二）

3学期
- 全网营销（一）
- 实体经营（二）
- 五星客服
- 销售实战（二）
- 市场营销（二）
- 初创型企业财务实务（二）
- 人力资源管理实务（二）
- 创业筹划（Dream Key）（二）
- 塑造优秀创业团队（二）
- 管理实务操作（一）
- 职业生涯发展（三）

4学期
- 职业生涯发展（四）
- 实用管理技能训练
- 创业筹划（Dream Key）（三）
- 人力资源管理财务实务（三）
- 初创型企业财务实务（三）
- 市场营销（三）
- 销售实战（三）
- 实体经营（三）
- 全网营销（二）
- 商业模式与创新
- 创业团队式职业生涯

5学期
- 职业生涯发展（五）
- 管理实务操作（二）
- 中小企业创业操作流程与法律风险防范
- 创业技能训练
- 企业运营管理（沙盘训练）
- 创业技能训练

6学期
- 毕业实践 & 毕业论文

20

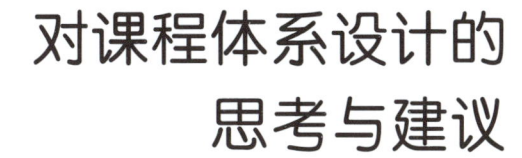

教 以成果为导向的课程体系设计

可视化翻转课堂

对课程体系设计的思考与建议

以成果为导向的创新创业课程设计

- 情景式教学
- 递进式训练
- 实训化运营
- 项目化落地

循环共生创业生态系统

外圈描述

- 体内是满满的创业红心
- 健康运营 预防先行
- 对人才的有效管理 提升核心竞争力
- 人生拥有金钥匙 算账理财不用愁
- 要的就是与众不同
- 生熟皆宜 干货更行
- 苹果五星 甜美入心
- 有酸有甜 百香怡人
- 颗粒饱满 连点成网
- 多泡几次 就会爱上它
- 适应成长 自有特色
- 创新创意 值价甚高
- 一旦爱上 就是一辈子
- 管好心情 理顺血气
- 紧密团结，红红火火，我们是生机勃勃的火龙果

水果标签

火龙果、西柚、蓝莓、奇异果、菠萝、蟠桃、芒果、青苹果、百香果、石榴、柠檬、哈密瓜、新奇士橙、榴梿、樱桃

课程模块

- 创业筹划
- 中小企业创业流程与法律风险防范
- 人力资源管理实务
- 初创型企业财务实务
- 市场营销
- 销售实战
- 五星客服
- 实体经营
- 全网营销
- 电商技能基础
- 企业运营管理
- 商业模式与创新
- 职业生涯发展
- 管理实务操作
- 塑造优秀团队

内圈

- 实训实习实践
- 创业技能训练
- 创业团队职业生涯

中小企业创业与经营

创业训练课程包与创业特色教材

教 | 以成果为导向的课程体系设计

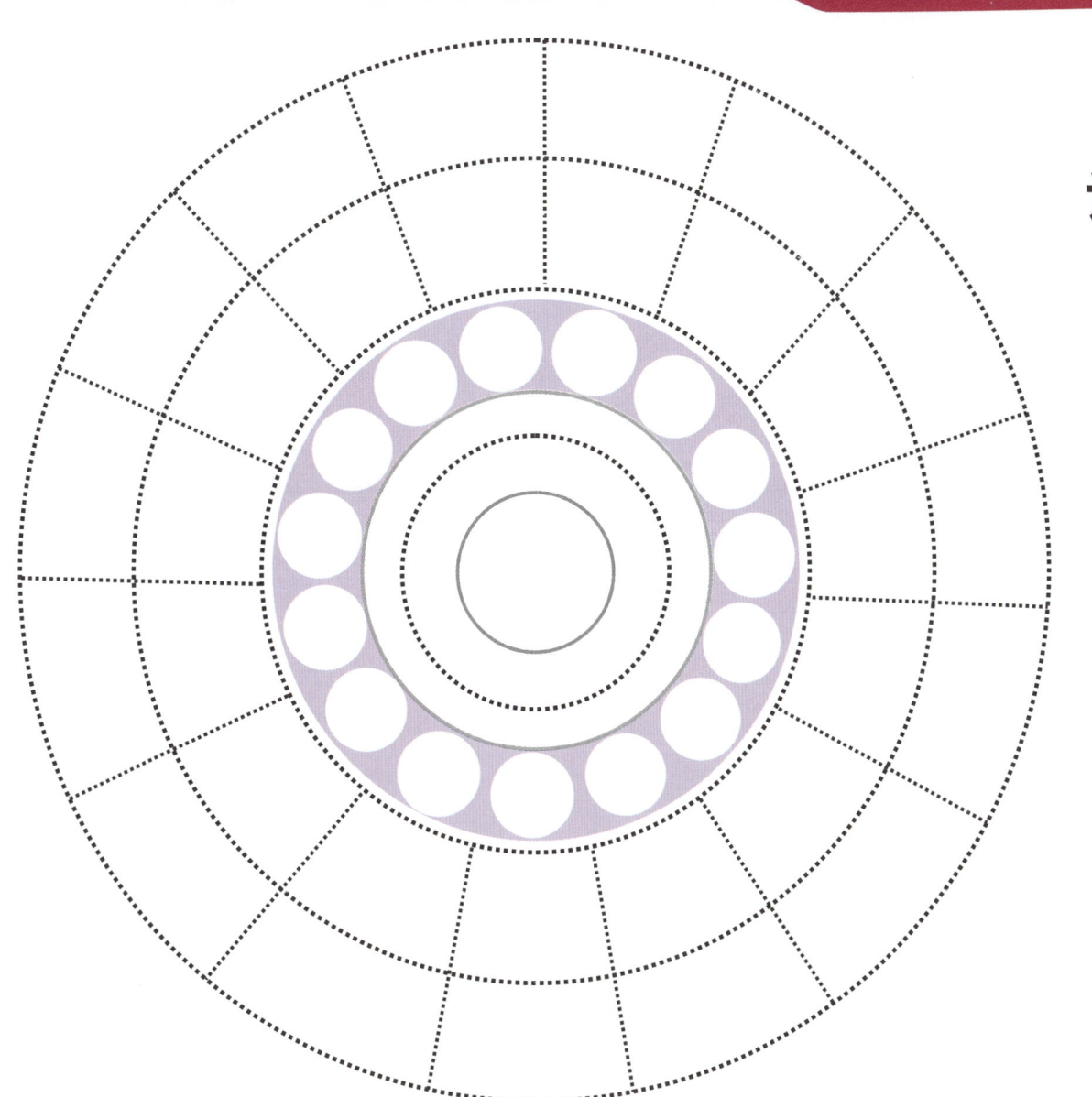

可视化翻转课堂

以成果为导向的课程设计思考与构建

广东岭南职业技术学院
中小企业创业与经营专业人才培养进阶循环图

图标说明： 进 进校 | 晋 晋级 | 项 项目 | 团 团队 | 必 专业必修 | 选 专业选修 | 出 出校

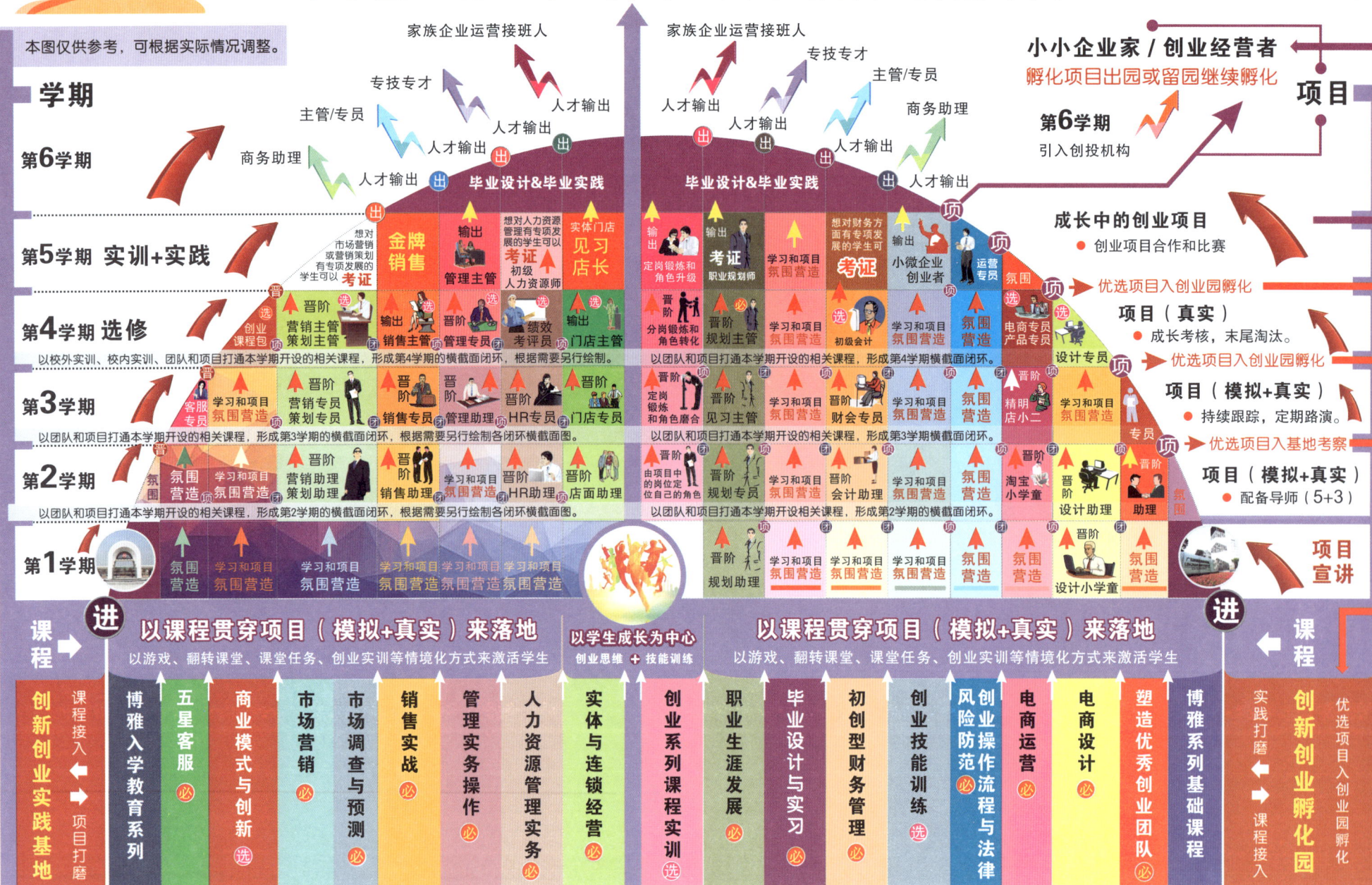

本图仅供参考，可根据实际情况调整。

学期结构

第1学期： 氛围营造 / 学习和项目 / 课程接入 / 项目打磨
- 课程：博雅入学教育系列、五星客服（必）、商业模式与创新（选）、市场营销（必）、市场调查与预测（必）、销售实战（必）、管理实务操作（必）、人力资源管理实务（必）、实体与连锁经营（必）、创业系列课程实训（选）、职业生涯发展（必）、毕业设计与实习（必）、初创型财务管理（必）、创业技能训练（选）、创业操作流程与法律（必）、风险防范（必）、电商运营（必）、电商设计（必）、塑造优秀创业团队（必）、博雅系列基础课程

第2学期： 晋阶 —— 营销助理、销售助理、管理助理、HR助理、店面助理、规划专员、会计助理、淘宝小学童、设计助理
- 由项目中的岗位定位自己的角色
- 以团队和项目打通本学期开设的相关课程，形成第2学期的横截面闭环。

第3学期： 晋阶 —— 营销专员/策划专员、销售专员、管理助理、HR专员、门店专员、定岗锻炼和角色磨合、见习主管、财会专员、精明店小二
- 以团队和项目打通本学期开设的相关课程，形成第3学期的横截面闭环。

第4学期 选修： 创业课程包
- 晋阶：营销主管/策划主管、销售主管、管理专员、绩效考评员、门店主管、分岗锻炼和角色转化、规划主管、初级会计、电商专员/产品专员、设计专员
- 以校外实训、校内实训、团队和项目打通本学期开设的相关课程，形成第4学期的横截面闭环。

第5学期 实训+实践：
- 想对市场营销或营销策划有专项发展的学生可以考证 → 金牌销售
- 管理主管、初级人力资源师、见习店长
- 定岗锻炼和角色升级、职业规划师、学习和项目氛围营造
- 想对财务方面有专项发展的学生可考证、小微企业创业者、运营专员、氛围营造

第6学期： 毕业设计&毕业实践
- 人才输出：商务助理、主管/专员、专技专才、家族企业运营接班人
- 引入创投机构

右侧项目孵化路径

- 小小企业家 / 创业经营者 —— 孵化项目出园或留园继续孵化
- 成长中的创业项目 —— 创业项目合作和比赛
- 项目（真实）—— 成长考核，末尾淘汰。
- 优选项目入创业园孵化
- 项目（模拟+真实）—— 持续跟踪，定期路演。
- 优选项目入基地考察
- 项目（模拟+真实）—— 配备导师（5+3）
- 项目宣讲

底部

以课程贯穿项目（模拟+真实）来落地
以游戏、翻转课堂、课堂任务、创业实训等情境化方式来激活学生

以学生成长为中心
创业思维 + 技能训练

进 课程 ← → **课程 进**
- 创新创业实践基地 ← 课程接入 / 项目打磨
- 创新创业孵化园 ← 实践打磨 / 课程接入 —— 优选项目入创业园孵化

24

以成果为导向的课程体系设计

关于课程体系设计和人才培养的思考

- 老师
- 学生

创业训练系统建设之创业课程接入门店实训导图

广东岭南职业技术学院

岭南创业管理学院（2013年4月–2019年7月） | **中小企业创业与经营专业（2015年5月–）**

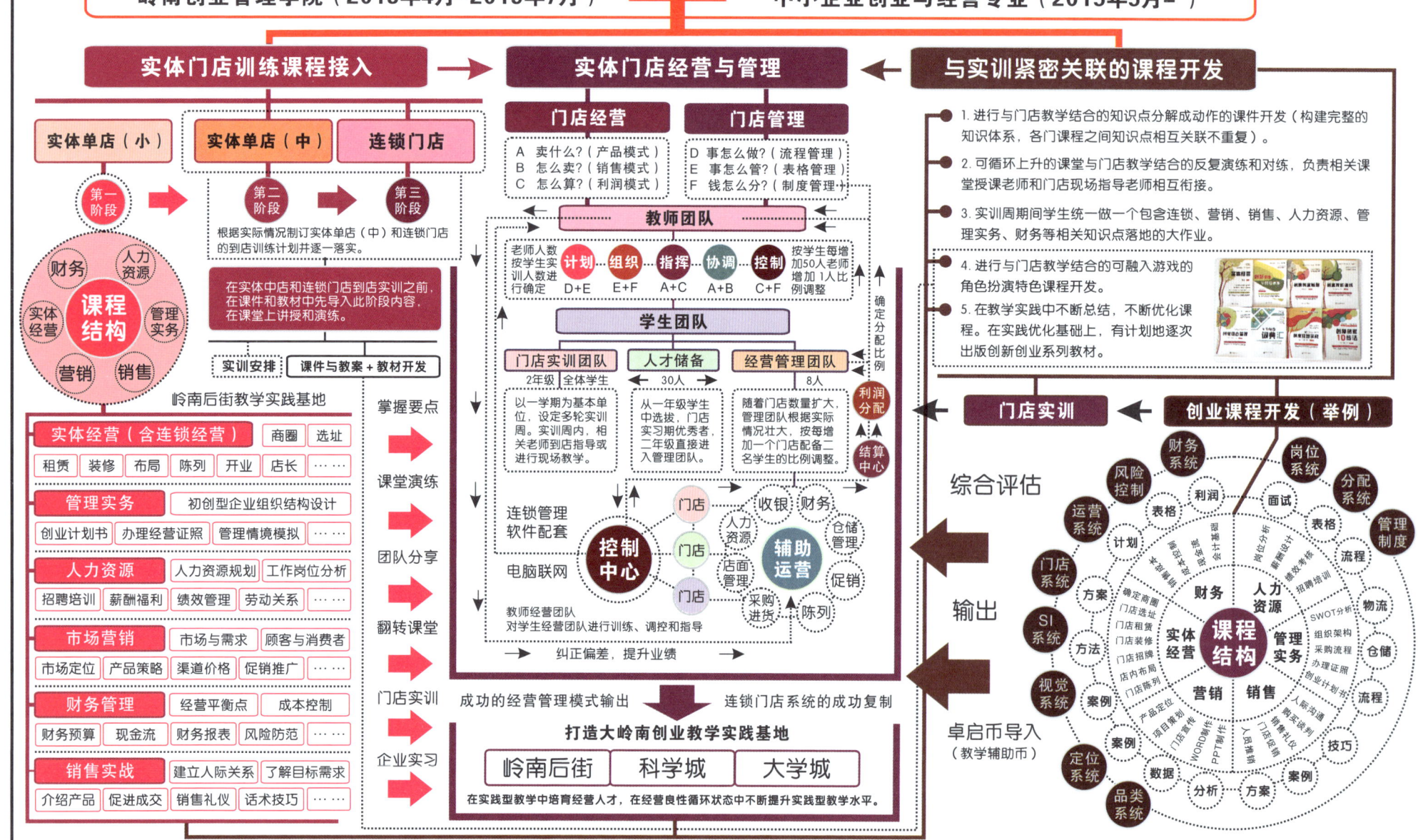

实体门店训练课程接入 → 实体门店经营与管理 ← 与实训紧密关联的课程开发

门店经营
- A 卖什么？（产品模式）
- B 怎么卖？（销售模式）
- C 怎么算？（利润模式）

门店管理
- D 事怎么做？（流程管理）
- E 事怎么管？（表格管理）
- F 钱怎么分？（制度管理）

实体单店（小） — 第一阶段
实体单店（中） — 第二阶段
连锁门店 — 第三阶段

根据实际情况制订实体单店（中）和连锁门店的到店训练计划并逐一落实。

在实体中店和连锁门店到店实训之前，在课件和教材中先导入此阶段内容，在课堂上讲授和演练。

课程结构：财务、人力资源、实体经营、管理实务、营销、销售

教师团队：计划、组织、指挥、协调、控制
- 老师人数按学生实训人数进行确定
- D+E / E+F / A+C / A+B / C+F
- 按学生每增加50人老师增加1人比例调整

学生团队
- 门店实训团队：2年级 全体学生
- 人才储备：30人（从一年级学生中选拔，门店实习期优秀者，二年级直接进入管理团队）
- 经营管理团队：8人（随着门店数量扩大，管理团队根据情况壮大，按每增加一个门店配备二名学生的比例调整）

连锁管理软件配套 / 电脑联网

控制中心 / **辅助运营**：门店、收银、财务、人力资源、仓储管理、店面管理、促销、采购进货、陈列

教师经营团队对学生经营团队进行训练、调控和指导

纠正偏差，提升业绩

确定分配比例 / 利润分配 / 结算中心

成功的经营管理模式输出 → 连锁门店系统的成功复制

打造大岭南创业教学实践基地：岭南后街 / 科学城 / 大学城

在实践型教学中培育经营人才，在经营良性循环状态中不断提升实践型教学水平。

岭南后街教学实践基地

实体经营（含连锁经营）：商圈、选址、租赁、装修、布局、陈列、开业、店长

管理实务：初创型企业组织结构设计、创业计划书、办理经营证照、管理情境模拟

人力资源：人力资源规划、工作岗位分析、招聘培训、薪酬福利、绩效管理、劳动关系

市场营销：市场与需求、顾客与消费者、市场定位、产品策略、渠道价格、促销推广

财务管理：经营平衡点、成本控制、财务预算、现金流、财务报表、风险防范

销售实战：建立人际关系、了解目标需求、介绍产品、促进成交、销售礼仪、话术技巧

实训安排：课件与教案+教材开发 / 掌握要点 / 课堂演练 / 团队分享 / 翻转课堂 / 门店实训 / 企业实习

与实训紧密关联的课程开发

1. 进行与门店教学结合的知识点分解成动作的课件开发（构建完整的知识体系，各门课程之间知识点相互关联不重复）。
2. 可循环上升的课堂与门店教学结合的反复演练和对练，负责相关课堂授课老师和门店现场指导老师相互衔接。
3. 实训周期间学生统一做一个包含连锁、营销、销售、人力资源、管理实务、财务等相关知识点落地的大作业。
4. 进行与门店教学结合的可融入游戏的角色扮演特色课程开发。
5. 在教学实践中不断总结，不断优化课程。在实践优化基础上，有计划地逐次出版创新创业系列教材。

门店实训 ← 创业课程开发（举例）

综合评估 / 输出 / 卓启币导入（教学辅助币）

课程结构：财务、人力资源、实体经营、管理实务、营销、销售

岗位系统、分配系统、管理制度、仓储、物流、流程、技巧、方案、案例、数据、分析、品类系统、定位系统、视觉系统、SI系统、方法、门店系统、运营系统、风险控制

教 以成果为导向的课程体系设计

可视化翻转课堂

- 课程导入实训可能存在哪些问题？
- 需要重点解决的问题是什么？

- 实训课程与课程成果存在哪些关联性？
- 实训课程与课程成果之间有哪些偏差？

三、可视化思维导图设计

可视化思维导图设计

可视化翻转课堂

思维导图主要应用领域

			项目计划			
		□ 种植	解决问题	□ 节能环保		
	□ 互联网	□ 养殖	项目管理	□ 新能源	□ 餐饮	
□ 文化产业	□ 物联网	□ 养老	知识管理	□ 新材料	□ 商贸	□ 旅游
□ 教育产业	□ 人联网	□ 医疗设备	工作计划	□ 高新技术	□ 化妆品	□ 矿产
□ 培训产业	□ App行业	□ 生物医药	培训安排	□ 高成长性	□ 商业连锁	□ 地产
	□ 社交电商	□ 健康产业	教学设计	□ 传统创新	□ 实体经营	
		□ 新零售	思考梳理	□ 汽车产业		
			学习笔记			

选择与你创业相关的项框打"√"或在空白框内补充　　　　　选择与你创业相关的项框打"√"或在空白框内补充

"电商运营"思维导图树

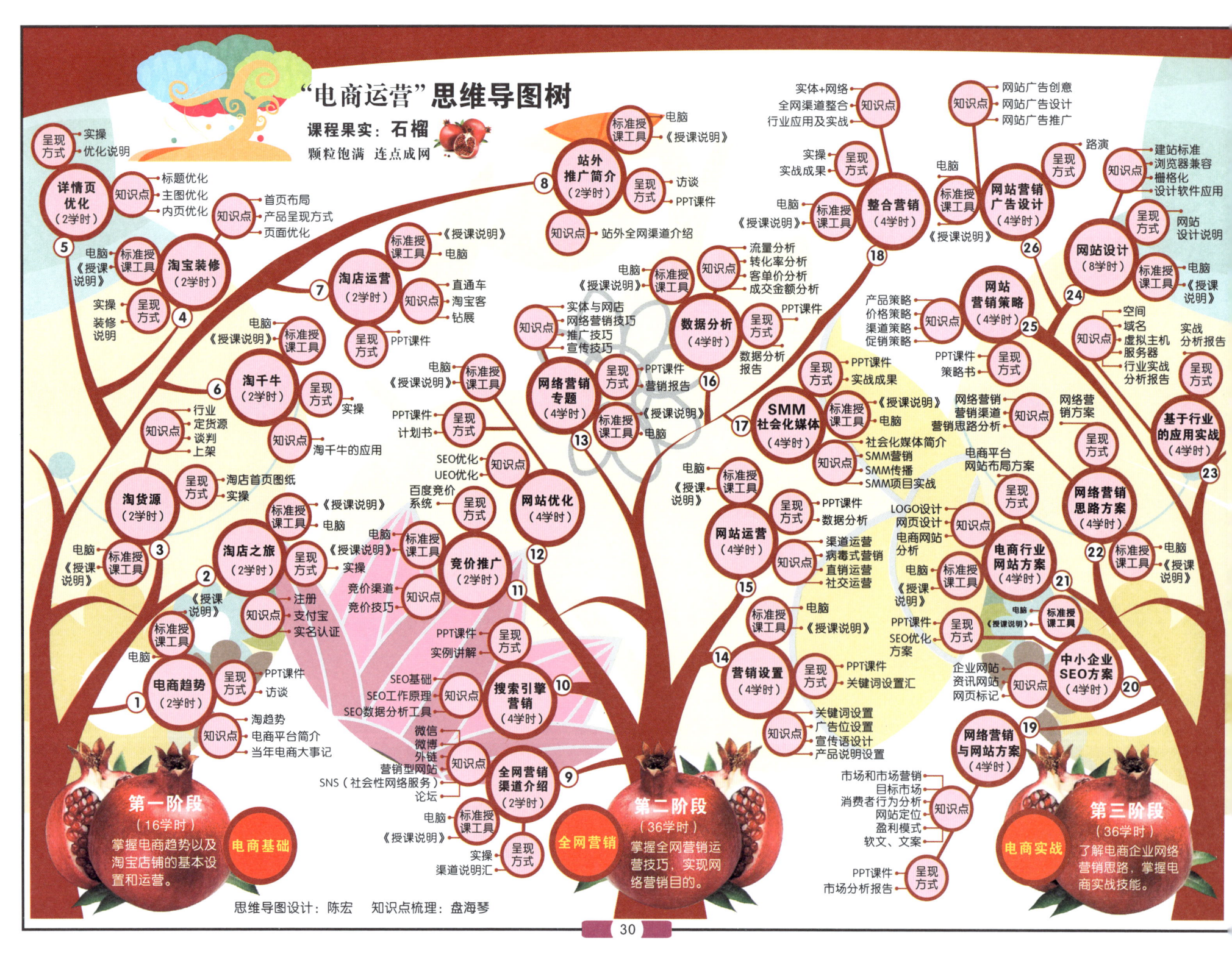

课程果实：石榴
颗粒饱满 连点成网

第一阶段（16学时）
电商基础
掌握电商趋势以及淘宝店铺的基本设置和运营。

1. 电商趋势（2学时）
- 呈现方式：PPT课件、访谈
- 知识点：淘趋势、电商平台简介、当年电商大事记
- 标准授课工具：电脑

2. 淘店之旅（2学时）
- 呈现方式：实操
- 知识点：注册、支付宝、实名认证
- 标准授课工具：《授课说明》、电脑

3. 淘货源（2学时）
- 呈现方式：淘店首页图纸、实操
- 知识点：行业、定货源、谈判、上架
- 标准授课工具：《授课说明》、电脑

4. 淘千牛（2学时）
- 呈现方式：实操
- 知识点：淘千牛的应用
- 标准授课工具：《授课说明》、电脑

5. 淘宝装修（2学时）
- 呈现方式：实操、装修说明
- 知识点：首页布局、产品呈现方式、页面优化
- 标准授课工具：《授课说明》、电脑

6. 详情页优化（2学时）
- 呈现方式：实操、优化说明
- 知识点：标题优化、主图优化、内页优化
- 标准授课工具：《授课说明》、电脑

7. 淘店运营（2学时）
- 呈现方式：PPT课件
- 知识点：直通车、淘宝客、钻展
- 标准授课工具：《授课说明》、电脑

第二阶段（36学时）
全网营销
掌握全网营销运营技巧，实现网络营销目的。

8. 站外推广简介（2学时）
- 呈现方式：访谈、PPT课件
- 知识点：站外全网渠道介绍
- 标准授课工具：《授课说明》、电脑

9. 全网营销渠道介绍（2学时）
- 呈现方式：实操、渠道说明汇
- 知识点：微信、微博、外链、营销型网站、SNS（社会性网络服务）、论坛
- 标准授课工具：《授课说明》、电脑

10. 搜索引擎营销（4学时）
- 呈现方式：PPT课件、实例讲解
- 知识点：SEO基础、SEO工作原理、SEO数据分析工具
- 标准授课工具：《授课说明》、电脑

11. 竞价推广（2学时）
- 呈现方式：实操
- 知识点：百度竞价系统、竞价渠道、竞价技巧
- 标准授课工具：《授课说明》、电脑

12. 网站优化（4学时）
- 呈现方式：PPT课件
- 知识点：SEO优化、UEO优化
- 标准授课工具：《授课说明》、电脑

13. 网络营销专题（4学时）
- 呈现方式：PPT课件、营销报告、计划书
- 知识点：实体与网店、网络营销技巧、推广技巧、宣传技巧
- 标准授课工具：《授课说明》、电脑

14. 营销设置（4学时）
- 呈现方式：PPT课件
- 知识点：关键词设置、广告位设置、宣传语设计、产品说明设置
- 标准授课工具：《授课说明》、电脑

15. 网站运营（4学时）
- 呈现方式：PPT课件、数据分析
- 知识点：渠道运营、病毒式营销、直销运营、社交运营
- 标准授课工具：《授课说明》、电脑

16. 数据分析（4学时）
- 呈现方式：PPT课件、数据分析报告
- 知识点：流量分析、转化率分析、客单价分析、成交金额分析
- 标准授课工具：《授课说明》、电脑

17. SMM社会化媒体（4学时）
- 呈现方式：PPT课件
- 知识点：社会化媒体简介、SMM营销、SMM传播、SMM项目实战
- 标准授课工具：《授课说明》、电脑

18. 整合营销（4学时）
- 呈现方式：实操、实战成果
- 知识点：实体+网络、全网渠道整合、行业应用及实战
- 标准授课工具：《授课说明》、电脑

第三阶段（36学时）
电商实战
了解电商企业网络营销思路，掌握电商实战技能。

19. 网络营销与网站方案（4学时）
- 呈现方式：PPT课件、市场分析报告
- 知识点：市场和市场营销、消费者行为分析、网站定位、目标市场、盈利模式、软文、文案
- 标准授课工具：《授课说明》、电脑

20. 中小企业SEO方案（4学时）
- 呈现方式：PPT课件、SEO优化方案
- 知识点：企业网站、资讯网站、网页标记
- 标准授课工具：《授课说明》、电脑

21. 电商行业网站方案（4学时）
- 呈现方式：PPT课件
- 知识点：LOGO设计、网页设计、电商网站分析、电商平台网站布局方案
- 标准授课工具：《授课说明》、电脑

22. 网络营销思路方案（4学时）
- 呈现方式：PPT课件、策略书
- 知识点：网络营销营销渠道、营销思路分析、网络营销方案
- 标准授课工具：《授课说明》、电脑

23. 基于行业的应用实战（4学时）
- 呈现方式：实战分析报告
- 标准授课工具：电脑

24. 网站设计（8学时）
- 呈现方式：网站设计说明
- 知识点：空间、域名、虚拟主机、服务器、行业实战分析报告
- 标准授课工具：《授课说明》、电脑

25. 网站营销策略（4学时）
- 呈现方式：PPT课件、策略书
- 知识点：产品策略、价格策略、渠道策略、促销策略
- 标准授课工具：《授课说明》、电脑

26. 网站营销广告设计（4学时）
- 呈现方式：路演
- 知识点：网站广告创意、网站广告设计、网站广告推广、建站标准、浏览器兼容、栅格化、设计软件应用
- 标准授课工具：《授课说明》、电脑

思维导图设计：陈宏 知识点梳理：盘海琴

可视化思维导图设计

任务名称1： 画一个与电商网店运营相关的思维导图

任务名称2：

如不选任务1，任务2可根据团队或个人相关项目确定。

"电商设计"思维导图树

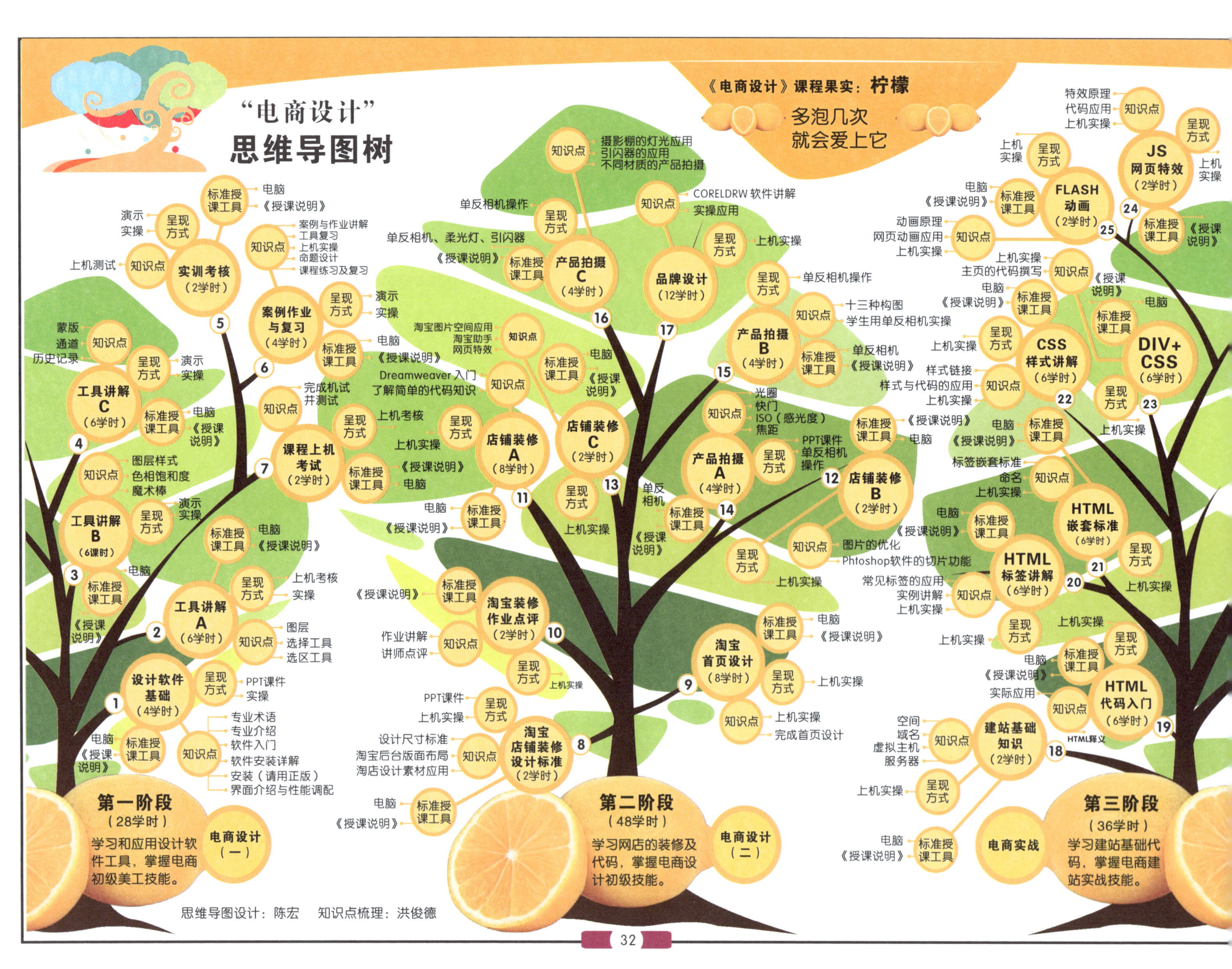

《电商设计》课程果实：柠檬
多泡几次 就会爱上它

第一阶段（28学时）
学习和应用设计软件工具，掌握电商初级美工技能。

电商设计（一）

1. **设计软件基础（4学时）**
   - 呈现方式：PPT课件、实操
   - 知识点：专业术语、专业介绍、软件入门、软件安装详解、安装（请用正版）、界面介绍与性能调配
   - 标准授课工具：电脑、《授课说明》

2. **工具讲解A（6学时）**
   - 呈现方式：演示实操
   - 知识点：图层、选择工具、选区工具
   - 标准授课工具：电脑、《授课说明》

3. **工具讲解B（6课时）**
   - 呈现方式：演示实操
   - 知识点：图层样式、色相饱和度、魔术棒
   - 标准授课工具：电脑、《授课说明》

4. **工具讲解C（6学时）**
   - 呈现方式：演示实操
   - 知识点：蒙版、通道、历史记录
   - 标准授课工具：电脑、《授课说明》

5. **实训考核（2学时）**
   - 呈现方式：演示实操
   - 知识点：上机测试
   - 标准授课工具：电脑、《授课说明》

6. **案例作业与复习（4学时）**
   - 呈现方式：演示实操
   - 知识点：案例与作业讲解、工具复习、上机实操、命题设计、课程练习及复习
   - 标准授课工具：电脑、《授课说明》

7. **课程上机考试（2学时）**
   - 呈现方式：上机实操
   - 知识点：完成机试并测试
   - 标准授课工具：电脑、《授课说明》

第二阶段（48学时）
学习网店的装修及代码，掌握电商设计初级技能。

电商设计（二）

8. **淘宝店铺装修设计标准（2学时）**
   - 呈现方式：PPT课件、上机实操
   - 知识点：设计尺寸标准、淘宝后台版面布局、淘店设计素材应用
   - 标准授课工具：电脑、《授课说明》

9. **淘宝首页设计（8学时）**
   - 呈现方式：上机实操
   - 知识点：完成首页设计
   - 标准授课工具：电脑、《授课说明》

10. **淘宝装修作业点评（2学时）**
    - 呈现方式：上机实操
    - 知识点：作业讲解、讲师点评
    - 标准授课工具：《授课说明》

11. **店铺装修A（8学时）**
    - 呈现方式：上机实操
    - 知识点：淘宝图片空间应用、淘宝助手、网页特效、Dreamweaver入门、了解简单的代码知识
    - 标准授课工具：电脑、《授课说明》

12. **店铺装修B（2学时）**
    - 呈现方式：上机实操
    - 知识点：图片的优化、Phtoshop软件的切片功能
    - 标准授课工具：电脑、《授课说明》

13. **店铺装修C（2学时）**
    - 呈现方式：上机实操
    - 知识点
    - 标准授课工具：电脑、《授课说明》

14. **产品拍摄A（4学时）**
    - 呈现方式：上机实操
    - 知识点：光圈、快门、ISO（感光度）、焦距、PPT课件、单反相机操作
    - 标准授课工具：单反相机

15. **产品拍摄B（4学时）**
    - 呈现方式：上机实操
    - 知识点：十三种构图、学生用单反相机实操、单反相机操作
    - 标准授课工具：单反相机、《授课说明》

16. **产品拍摄C（4学时）**
    - 呈现方式：上机实操
    - 知识点：摄影棚的灯光应用、引闪器的应用、不同材质的产品拍摄、单反相机操作、单反相机、柔光灯、引闪器
    - 标准授课工具：《授课说明》

17. **品牌设计（12学时）**
    - 呈现方式：上机实操
    - 知识点：CORELDRW软件讲解、实操应用

第三阶段（36学时）
学习建站基础代码，掌握电商建站实战技能。

电商实战

18. **建站基础知识（2学时）**
    - 呈现方式：上机实操
    - 知识点：空间、域名、虚拟主机、服务器
    - 标准授课工具：电脑、《授课说明》

19. **HTML代码入门（6学时）**
    - 呈现方式：上机实操
    - 知识点：HTML释义、实际应用
    - 标准授课工具：电脑、《授课说明》

20. **HTML标签讲解（6学时）**
    - 呈现方式：上机实操
    - 知识点：常见标签的应用、实例讲解、上机实操
    - 标准授课工具：电脑、《授课说明》

21. **HTML嵌套标准（6学时）**
    - 呈现方式：上机实操
    - 知识点：标签嵌套标准、命名
    - 标准授课工具：电脑、《授课说明》

22. **CSS样式讲解（6学时）**
    - 呈现方式：上机实操
    - 知识点：样式链接、样式与代码的应用
    - 标准授课工具：电脑、《授课说明》

23. **DIV+CSS（6学时）**
    - 呈现方式：上机实操
    - 知识点：主页的代码撰写
    - 标准授课工具：电脑、《授课说明》

24. **JS网页特效（2学时）**
    - 呈现方式：上机实操
    - 知识点：特效原理、代码应用
    - 标准授课工具：电脑、《授课说明》

25. **FLASH动画（2学时）**
    - 呈现方式：上机实操
    - 知识点：动画原理、网页动画应用
    - 标准授课工具：电脑、《授课说明》

思维导图设计：陈宏　知识点梳理：洪俊德

可视化思维导图设计

教 | 可视化翻转课堂

任务名称1：画一个与电商网店设计相关的思维导图
任务名称2：
如不选任务1，任务2可根据团队或个人相关项目确定。

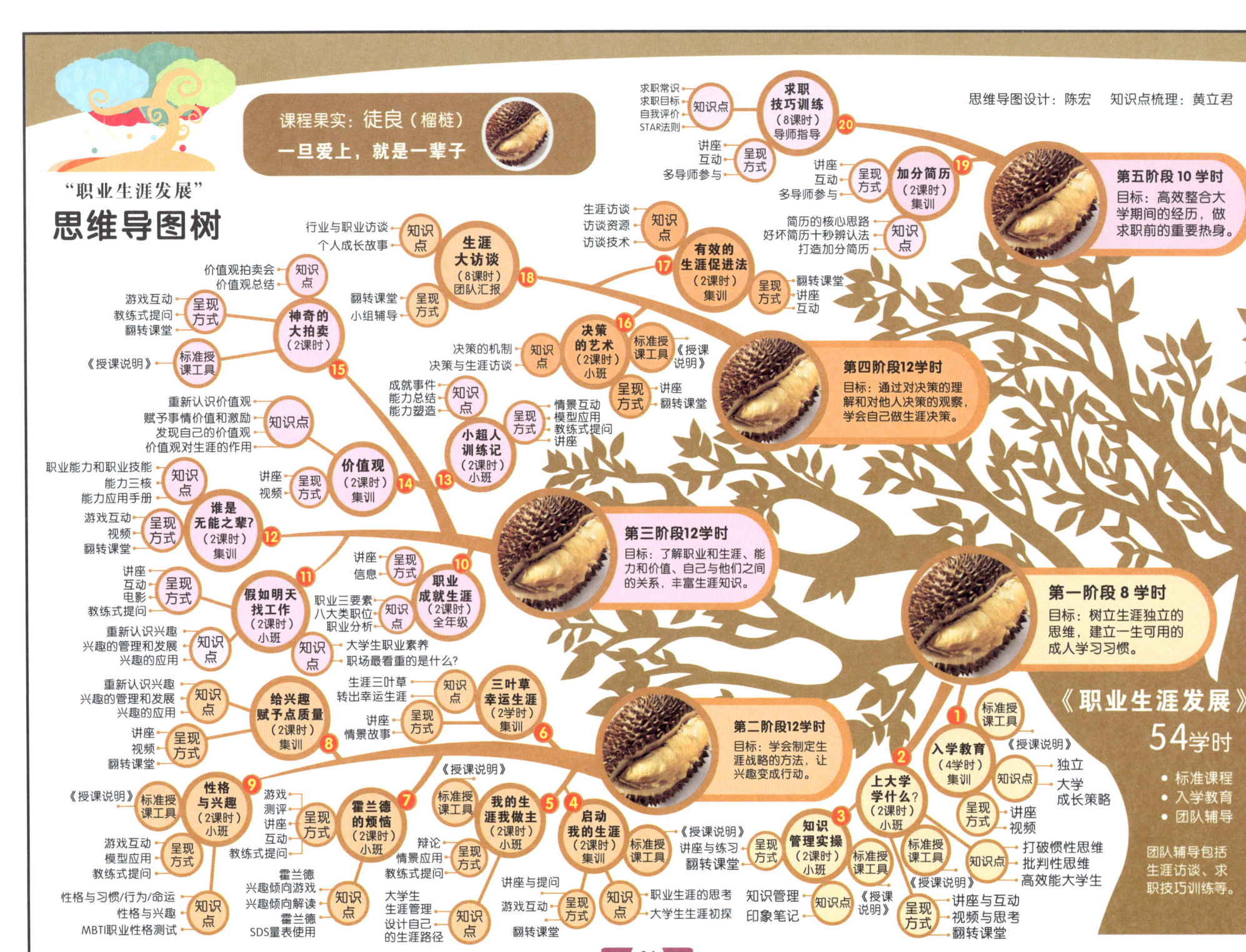

"职业生涯发展"思维导图树

课程果实：徒良（榴梿）
一旦爱上，就是一辈子

思维导图设计：陈宏　知识点梳理：黄立君

《职业生涯发展》54学时

- 标准课程
- 入学教育
- 团队辅导

团队辅导包括生涯访谈、求职技巧训练等。

第一阶段 8学时
目标：树立生涯独立的思维，建立一生可用的成人学习习惯。

第二阶段 12学时
目标：学会制定生涯战略的方法，让兴趣变成行动。

第三阶段 12学时
目标：了解职业和生涯、能力和价值、自己与他们之间的关系，丰富生涯知识。

第四阶段 12学时
目标：通过对决策的理解和对他人决策的观察，学会自己做生涯决策。

第五阶段 10学时
目标：高效整合大学期间的经历，做求职前的重要热身。

① 入学教育（4课时）集训
- 标准授课工具
- 知识点：独立、大学成长策略
- 呈现方式：讲座、视频

② 上大学学什么？（2课时）小班
- 标准授课工具
- 《授课说明》
- 知识点：打破惯性思维、批判性思维、高效能大学生
- 呈现方式：讲座与互动、视频与思考、翻转课堂

③ 知识管理实操（2课时）小班
- 标准授课工具
- 《授课说明》
- 知识点：知识管理、印象笔记
- 呈现方式：讲座与练习、翻转课堂

④ 启动我的生涯（2课时）集训
- 标准授课工具
- 《授课说明》
- 知识点：职业生涯的思考、大学生生涯初探
- 呈现方式：游戏互动、翻转课堂

⑤ 我的生涯我做主（2课时）小班
- 标准授课工具
- 《授课说明》
- 知识点：大学生生涯管理、设计自己的生涯路径
- 呈现方式：讲座与提问、情景应用、教练式提问

⑥ 三叶草幸运生涯（2学时）集训
- 知识点：生涯三叶草、转出幸运生涯
- 呈现方式：讲座、情景故事

⑦ 霍兰德的烦恼（2课时）小班
- 标准授课工具
- 《授课说明》
- 知识点：霍兰德、兴趣倾向游戏、兴趣倾向解读、霍兰德SDS量表使用
- 呈现方式：游戏、测评、讲座、互动、教练式提问

⑧ 给兴趣赋予点质量（2课时）集训
- 知识点：重新认识兴趣、兴趣的管理和发展、兴趣的应用
- 呈现方式：讲座、视频、翻转课堂

⑨ 性格与兴趣（2课时）小班
- 标准授课工具
- 《授课说明》
- 知识点：性格与习惯/行为/命运、性格与兴趣、MBTI职业性格测试
- 呈现方式：游戏互动、模型应用、教练式提问

⑩ 职业成就生涯（2课时）全年级
- 知识点：职业三要素、八大类职位、职业分析
- 呈现方式：讲座、信息

⑪ 假如明天找工作（2课时）小班
- 知识点：重新认识兴趣、兴趣的管理和发展、兴趣的应用
- 呈现方式：讲座、互动、电影、教练式提问

⑫ 谁是无能之辈?（2课时）集训
- 知识点：职业能力和职业技能、能力三核、能力应用手册
- 呈现方式：游戏互动、视频、翻转课堂

⑬ 小超人训练记（2课时）小班
- 知识点：成就事件、能力总结、能力塑造
- 呈现方式：情景互动、模型应用、教练式提问、讲座

⑭ 价值观（2课时）集训
- 知识点：重新认识价值观、赋予事情价值和激励、发现自己的价值观、价值观对生涯的作用
- 呈现方式：讲座、视频

⑮ 神奇的大拍卖（2课时）
- 标准授课工具
- 《授课说明》
- 知识点：价值观拍卖会、价值观总结
- 呈现方式：游戏互动、教练式提问、翻转课堂

⑯ 决策的艺术（2课时）小班
- 标准授课工具
- 《授课说明》
- 知识点：决策的机制、决策与生涯访谈
- 呈现方式：讲座、翻转课堂

⑰ 有效的生涯促进法（2课时）集训
- 知识点：生涯访谈、访谈资源、访谈技术
- 呈现方式：讲座、互动

⑱ 生涯大访谈（8课时）团队汇报
- 知识点：行业与职业访谈、个人成长故事
- 呈现方式：翻转课堂、小组辅导

⑲ 加分简历（2课时）集训
- 知识点：简历的核心思路、好坏简历十秒辨认法、打造加分简历
- 呈现方式：讲座、互动

⑳ 求职技巧训练（8课时）导师指导
- 知识点：求职常识、求职目标、自我评价、STAR法则
- 呈现方式：讲座、互动、多导师参与

34

可视化思维导图设计

可视化翻转课堂

任务名称1：画一个与职业生涯发展相关的思维导图
任务名称2：
如不选任务1，任务2可根据团队或个人相关项目确定。

思维导图设计：陈宏
知识点梳理：黄婷婷、杨丽、谭紫娟、陈晓业

紧密团结，红红火火，我们是生机勃勃的火龙果！

"塑造优秀团队"思维导图树

课程果实：火龙果

"塑造优秀团队"　36学时

塑造优秀团队（一）：初步认知团队，学会借助工具识别团队成员角色，应用组建团队方法初步组建团队，打造团队文化并尝试进行管理。

塑造优秀团队（二）：学会构建以事业为导向的创业团队，解决团队矛盾，检验团队，最终塑造优秀创业团队。

---

1. 团队概述（2学时）
- 知识点：团队定义／团队和群体区别／团队的意义和作用／几种常见的团队类型
- 呈现方式：PPT课件／小组讨论／实例

2. 团队组建（2学时）
- 知识点：根据角色定位组建团队／"P-KEY"性格测试
- 呈现方式：PPT课件／角色扮演
- 标准授课工具：《授课说明》

3. 团队凝聚力（2学时）
- 知识点：团队凝聚力／团队凝聚力在团队建设及运行中的重要性
- 呈现方式：拓展活动（专业教练导入）／拓展活动道具
- 标准授课工具：《授课说明》

4. 团队文化（2学时）
- 知识点：团队文化概念／团队文化构成要素／团队文化案例分析
- 呈现方式：PPT课件／案例分析

5. 团队领导（2学时）
- 知识点：团队领导者的使命／团队领导者的自我管理／团队领导者对下属的管理
- 呈现方式：PPT课件／角色模拟

6. 团队任务（2学时）
- 知识点：分配任务／运用所学知识完成任务
- 呈现方式：课堂任务纸／PPT（辅助）／课堂展示
- 标准授课工具：《授课说明》

7. 团队演练（4课时）
- 知识点：回顾之前学习的相关知识点／抽选相关知识点进行演练
- 呈现方式：成果展示／翻转课堂／PPT（辅助）
- 标准授课工具：《授课说明》

8. 阶段考核（2学时）

9. 团队拓展（4学时）
- 知识点：拓展方案拟定（含备用方案）／拓展游戏的设计和挑选
- 呈现方式：拓展活动道具／拓展活动（专业教练主导）
- 标准授课工具：《授课说明》

10. 团队沟通（2学时）
- 知识点：了解团队沟通的重要性／团队高效沟通方法
- 呈现方式：PPT课件／互动讨论
- 标准授课工具：《授课说明》

11. 团队成员（2学时）
- 知识点：团队成员构成及角色种类／如何确定团队成员／角色定位
- 呈现方式：PPT课件／互动讨论

12. 建立高效团队的策略（2学时）
- 呈现方式：PPT课件／互动讨论

13. 团队结构优化（2课时）
- 知识点：高效团队特点／高效团队类型／建立高效团队策略／团队构成要素／团队发展五个阶段／团队结构优化的重要性
- 呈现方式：PPT课件／翻转课堂

14. 团队组织建设管理（2学时）
- 知识点：参与目标制订过程／会议管理／规避团队合作责任的分散效应
- 呈现方式：PPT课件／提问互动
- 标准授课工具：《授课说明》

15. 有效执行（4课时）
- 知识点：设置模拟情境
- 呈现方式：情境模拟／案例分析／课堂任务纸／PPT（辅助）

36

教 可视化思维导图设计

任务名称1：画一个与塑造优秀团队相关的思维导图
任务名称2：
如不选任务1，任务2可根据团队或个人相关项目确定。

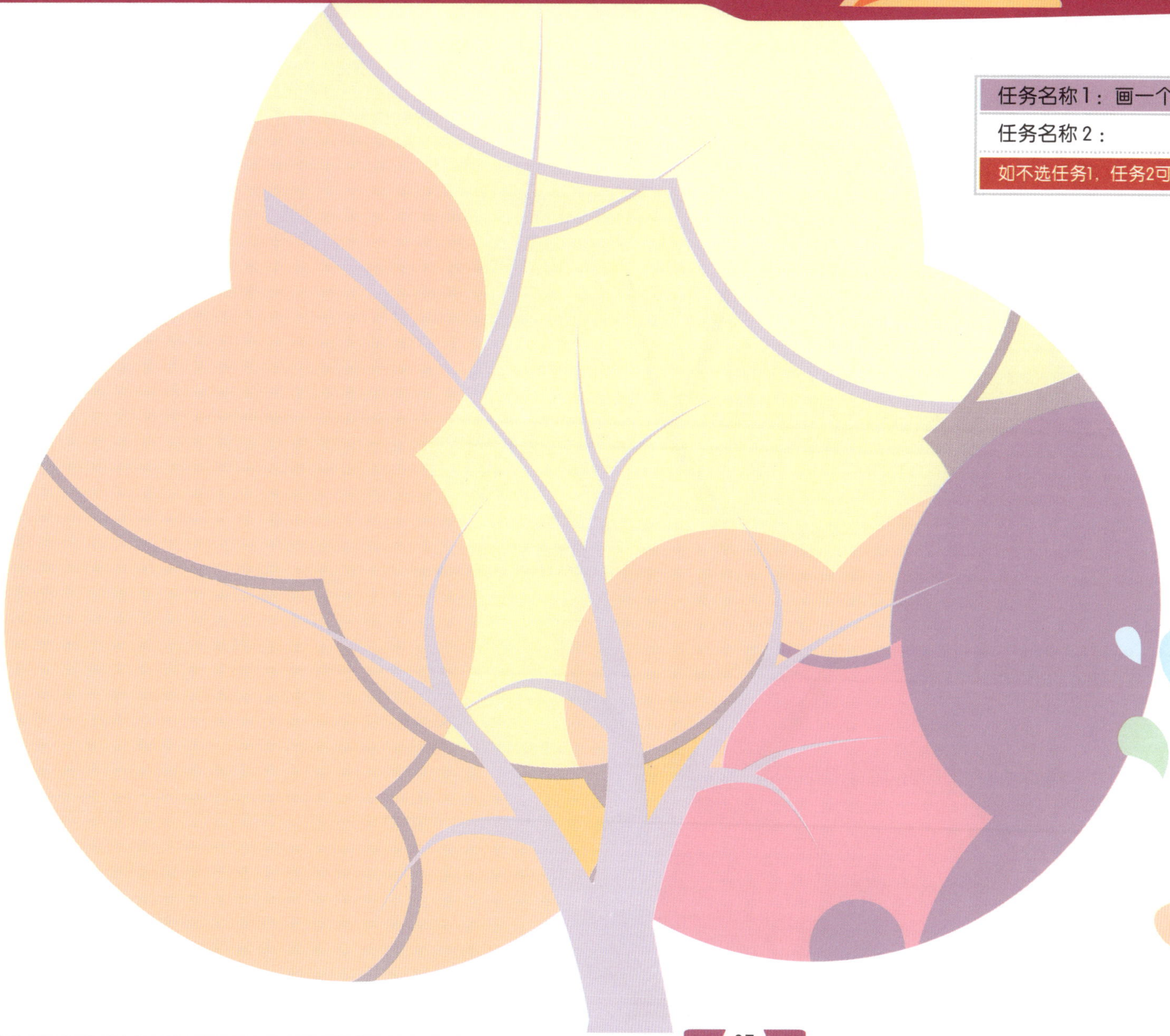

"市场营销" 思维导图树

课程果实：蟠桃
要的就是与众不同

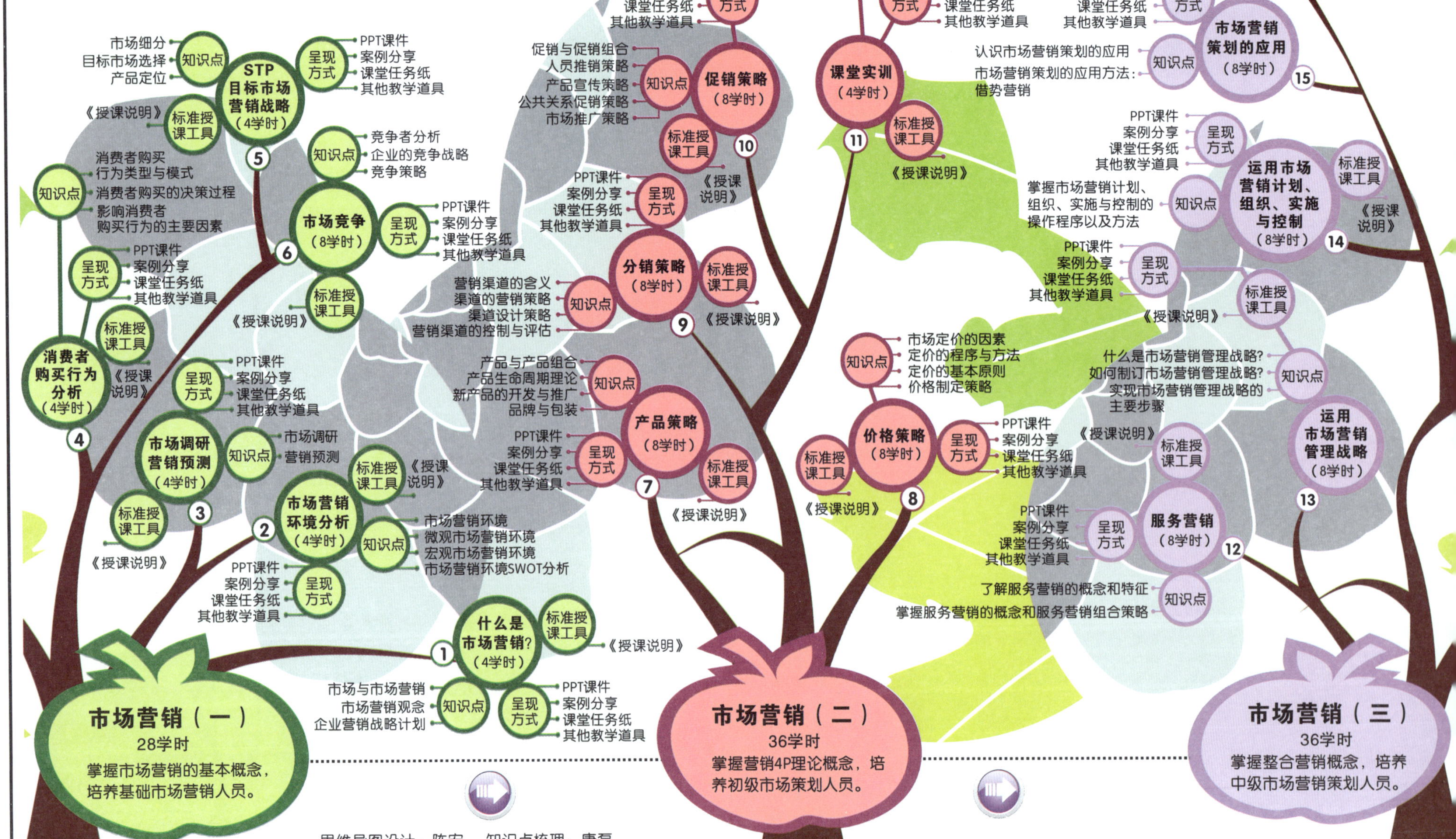

思维导图设计：陈宏　　知识点梳理：唐磊

市场营销（一）
28学时
掌握市场营销的基本概念，培养基础市场营销人员。

1. 什么是市场营销？（4学时）
- 知识点：市场与市场营销、市场营销观念、企业营销战略计划
- 呈现方式：PPT课件、案例分享、课堂任务纸、其他教学道具
- 标准授课工具：《授课说明》

2. 市场营销环境分析（4学时）
- 知识点：市场营销环境、微观市场营销环境、宏观市场营销环境、市场营销环境SWOT分析
- 呈现方式：PPT课件、案例分享、课堂任务纸、其他教学道具
- 标准授课工具：《授课说明》

3. 市场调研营销预测（4学时）
- 知识点：市场调研、营销预测
- 呈现方式：PPT课件、案例分享、课堂任务纸、其他教学道具
- 标准授课工具：《授课说明》

4. 消费者购买行为分析（4学时）
- 知识点：消费者购买行为类型与模式、消费者购买的决策过程、影响消费者购买行为的主要因素
- 呈现方式：PPT课件、案例分享、课堂任务纸、其他教学道具
- 标准授课工具：《授课说明》

5. STP目标市场营销战略（4学时）
- 知识点：市场细分、目标市场选择、产品定位
- 呈现方式：PPT课件、案例分享、课堂任务纸、其他教学道具
- 标准授课工具：《授课说明》

6. 市场竞争（8学时）
- 知识点：竞争者分析、企业的竞争战略、竞争策略
- 呈现方式：PPT课件、案例分享、课堂任务纸、其他教学道具
- 标准授课工具：《授课说明》

市场营销（二）
36学时
掌握营销4P理论概念，培养初级市场策划人员。

7. 产品策略（8学时）
- 知识点：产品与产品组合、产品生命周期理论、新产品的开发与推广、品牌与包装
- 呈现方式：PPT课件、案例分享、课堂任务纸、其他教学道具
- 标准授课工具：《授课说明》

8. 价格策略（8学时）
- 知识点：市场定价的因素、定价的程序与方法、定价的基本原则、价格制定策略
- 呈现方式：PPT课件、案例分享、课堂任务纸、其他教学道具
- 标准授课工具：《授课说明》

9. 分销策略（8学时）
- 知识点：营销渠道的含义、渠道的营销策略、渠道设计策略、营销渠道的控制与评估
- 呈现方式：PPT课件、案例分享、课堂任务纸、其他教学道具
- 标准授课工具：《授课说明》

10. 促销策略（8学时）
- 知识点：促销与促销组合、人员推销策略、产品宣传策略、公共关系促销策略、市场推广策略
- 呈现方式：PPT课件、案例分享、课堂任务纸、其他教学道具
- 标准授课工具：《授课说明》

11. 课堂实训（4学时）
- 知识点：对经典的市场营销成功案例进行分析和总结、利用营销4P理论对项目进行策划、项目策划方案与答辩
- 呈现方式：PPT课件、案例分享、课堂任务纸、其他教学道具
- 标准授课工具：《授课说明》

市场营销（三）
36学时
掌握整合营销概念，培养中级市场营销策划人员。

12. 服务营销（8学时）
- 知识点：了解服务营销的概念和特征、掌握服务营销的概念和服务营销组合策略
- 呈现方式：PPT课件、案例分享、课堂任务纸、其他教学道具
- 标准授课工具：《授课说明》

13. 运用市场营销管理战略（8学时）
- 知识点：什么是市场营销管理战略？如何制订市场营销管理战略？实现市场营销管理战略的主要步骤
- 呈现方式：PPT课件、案例分享、课堂任务纸、其他教学道具
- 标准授课工具：《授课说明》

14. 运用市场营销计划、组织、实施与控制（8学时）
- 知识点：掌握市场营销计划、组织、实施与控制的操作程序以及方法
- 呈现方式：PPT课件、案例分享、课堂任务纸、其他教学道具
- 标准授课工具：《授课说明》

15. 市场营销策划的应用（8学时）
- 知识点：认识市场营销策划的应用、市场营销策划的应用方法：借势营销
- 呈现方式：PPT课件、案例分享、课堂任务纸、其他教学道具
- 标准授课工具：《授课说明》

16. 课堂实训（4学时）
- 呈现方式：PPT课件、案例分享、课堂任务纸、其他教学道具
- 标准授课工具：《授课说明》

教 可视化思维导图设计

可视化翻转课堂

| 任务名称1：画一个与市场营销相关的思维导图 |
| 任务名称2： |
| 如不选任务1，任务2可根据团队或个人相关项目确定。 |

"销售实战"思维导图树

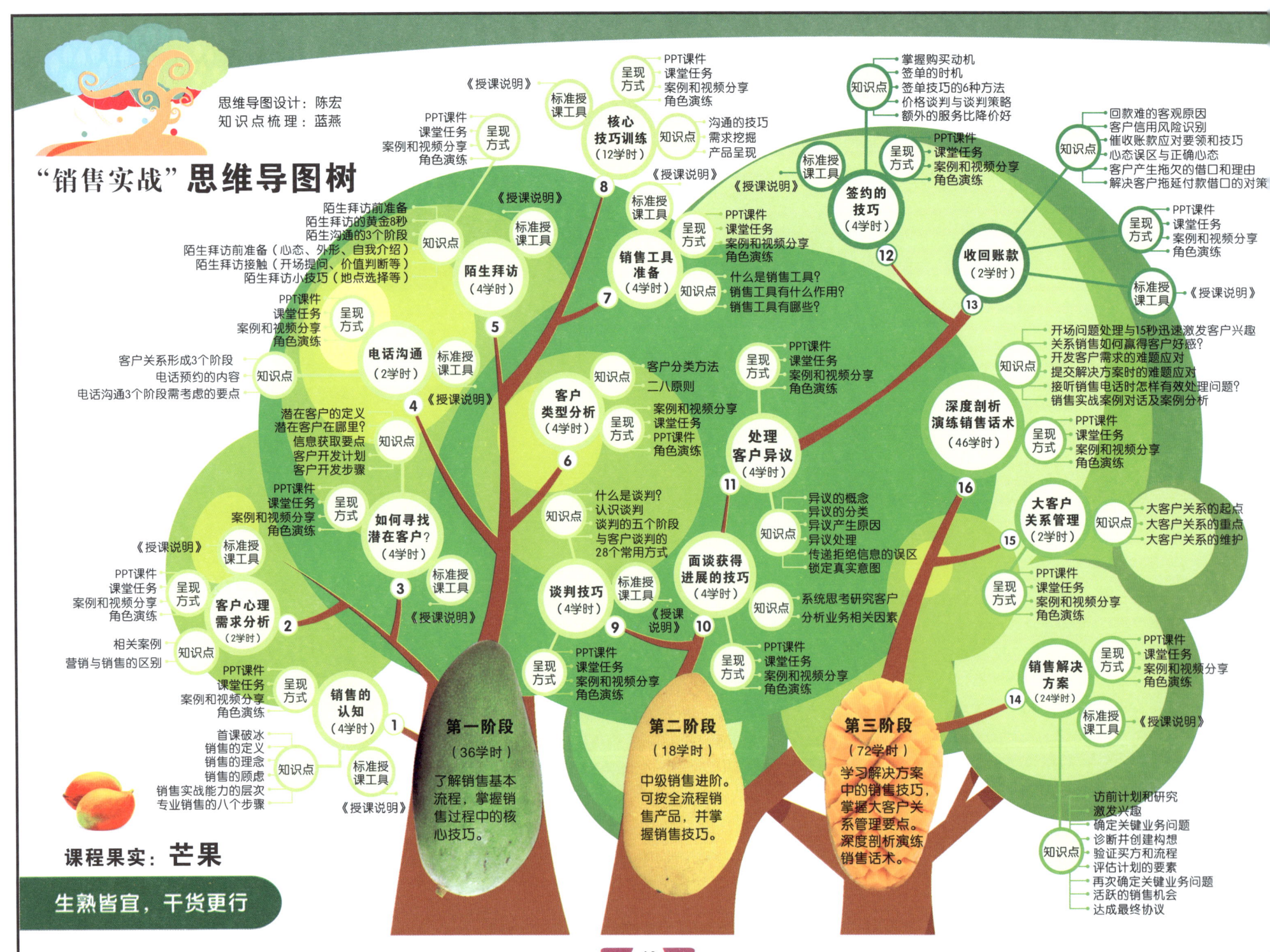

思维导图设计：陈宏
知识点梳理：蓝燕

课程果实：芒果

生熟皆宜，干货更行

第一阶段（36学时）
了解销售基本流程，掌握销售过程中的核心技巧。

1. 销售的认知（4学时）
- 知识点
  - 首课破冰
  - 销售的定义
  - 销售的理念
  - 销售的顾虑
  - 销售实战能力的层次
  - 专业销售的八个步骤
- 标准授课工具
  - 《授课说明》
- 呈现方式
  - PPT课件
  - 课堂任务
  - 案例和视频分享
  - 角色演练

2. 客户心理需求分析（2学时）
- 知识点
  - 相关案例
  - 营销与销售的区别
- 标准授课工具
  - 《授课说明》
- 呈现方式
  - PPT课件
  - 课堂任务
  - 案例和视频分享
  - 角色演练

3. 如何寻找潜在客户？（4学时）
- 知识点
  - 潜在客户的定义
  - 潜在客户在哪里？
  - 信息获取要点
  - 客户开发计划
  - 客户开发步骤
- 标准授课工具
  - 《授课说明》
- 呈现方式
  - PPT课件
  - 课堂任务
  - 案例和视频分享
  - 角色演练

4. 电话沟通（2学时）
- 知识点
  - 客户关系形成3个阶段
  - 电话预约的内容
  - 电话沟通3个阶段需考虑的要点
- 标准授课工具
  - 《授课说明》
- 呈现方式
  - PPT课件
  - 课堂任务
  - 案例和视频分享
  - 角色演练

5. 陌生拜访（4学时）
- 知识点
  - 陌生拜访前准备
  - 陌生拜访的黄金8秒
  - 陌生沟通的3个阶段
  - 陌生拜访前准备（心态、外形、自我介绍）
  - 陌生拜访接触（开场提问、价值判断等）
  - 陌生拜访小技巧（地点选择等）
- 标准授课工具
  - 《授课说明》
- 呈现方式
  - PPT课件
  - 课堂任务
  - 案例和视频分享
  - 角色演练

第二阶段（18学时）
中级销售进阶。可按全流程销售产品，并掌握销售技巧。

6. 客户类型分析（4学时）
- 知识点
  - 客户分类方法
  - 二八原则
- 标准授课工具
  - 《授课说明》
- 呈现方式
  - 案例和视频分享
  - 课堂任务
  - PPT课件
  - 角色演练

7. 销售工具准备（4学时）
- 知识点
  - 什么是销售工具？
  - 销售工具有什么作用？
  - 销售工具有哪些？
- 标准授课工具
  - 《授课说明》
- 呈现方式
  - PPT课件
  - 课堂任务
  - 案例和视频分享
  - 角色演练

8. 核心技巧训练（12学时）
- 知识点
  - 沟通的技巧
  - 需求挖掘
  - 产品呈现
- 标准授课工具
  - 《授课说明》
- 呈现方式
  - PPT课件
  - 课堂任务
  - 案例和视频分享
  - 角色演练

第三阶段（72学时）
学习解决方案中的销售技巧，掌握大客户关系管理要点。深度剖析演练销售话术。

9. 谈判技巧（4学时）
- 知识点
  - 什么是谈判？
  - 认识谈判
  - 谈判的五个阶段
  - 与客户谈判的28个常用方式
- 标准授课工具
  - 《授课说明》
- 呈现方式
  - PPT课件
  - 课堂任务
  - 案例和视频分享
  - 角色演练

10. 面谈获得进展的技巧（4学时）
- 知识点
  - 系统思考研究客户
  - 分析业务相关因素
- 呈现方式
  - PPT课件
  - 课堂任务
  - 案例和视频分享
  - 角色演练

11. 处理客户异议（4学时）
- 知识点
  - 异议的概念
  - 异议的分类
  - 异议产生原因
  - 异议处理
  - 传递拒绝信息的误区
  - 锁定真实意图
- 呈现方式
  - PPT课件
  - 课堂任务
  - 案例和视频分享
  - 角色演练

12. 签约的技巧（4学时）
- 知识点
  - 掌握购买动机
  - 签单的时机
  - 签单技巧的6种方法
  - 价格谈判与谈判策略
  - 额外的服务比降价好
- 标准授课工具
  - 《授课说明》
- 呈现方式
  - PPT课件
  - 课堂任务
  - 案例和视频分享
  - 角色演练

13. 收回账款（2学时）
- 知识点
  - 回款难的客观原因
  - 客户信用风险识别
  - 催收账款应对要领和技巧
  - 心态误区与正确心态
  - 客户产生拖欠的借口和理由
  - 解决客户拖延付款借口的对策
- 标准授课工具
  - 《授课说明》
- 呈现方式
  - PPT课件
  - 课堂任务
  - 案例和视频分享
  - 角色演练

14. 销售解决方案（24学时）
- 标准授课工具
  - 《授课说明》
- 呈现方式
  - PPT课件
  - 课堂任务
  - 案例和视频分享
  - 角色演练

15. 大客户关系管理（2学时）
- 知识点
  - 大客户关系的起点
  - 大客户关系的重点
  - 大客户关系的维护
- 呈现方式
  - PPT课件
  - 课堂任务
  - 案例和视频分享
  - 角色演练

16. 深度剖析演练销售话术（46学时）
- 知识点
  - 开场问题处理与15秒迅速激发客户兴趣
  - 关系销售如何赢得客户好感？
  - 开发客户需求的难题应对
  - 提交解决方案时的难题应对
  - 接听销售电话时怎样有效处理问题？
  - 销售实战案例对话及案例分析
  - 访前计划和研究
  - 激发兴趣
  - 确定关键业务问题
  - 诊断并创建构想
  - 验证买方和流程
  - 评估计划的要素
  - 再次确定关键业务问题
  - 活跃的销售机会
  - 达成最终协议
- 呈现方式
  - PPT课件
  - 课堂任务
  - 案例和视频分享
  - 角色演练

可视化思维导图设计

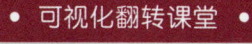

任务名称1：画一个与销售相关的思维导图
任务名称2：
如不选任务1，任务2可根据团队或个人相关项目确定。

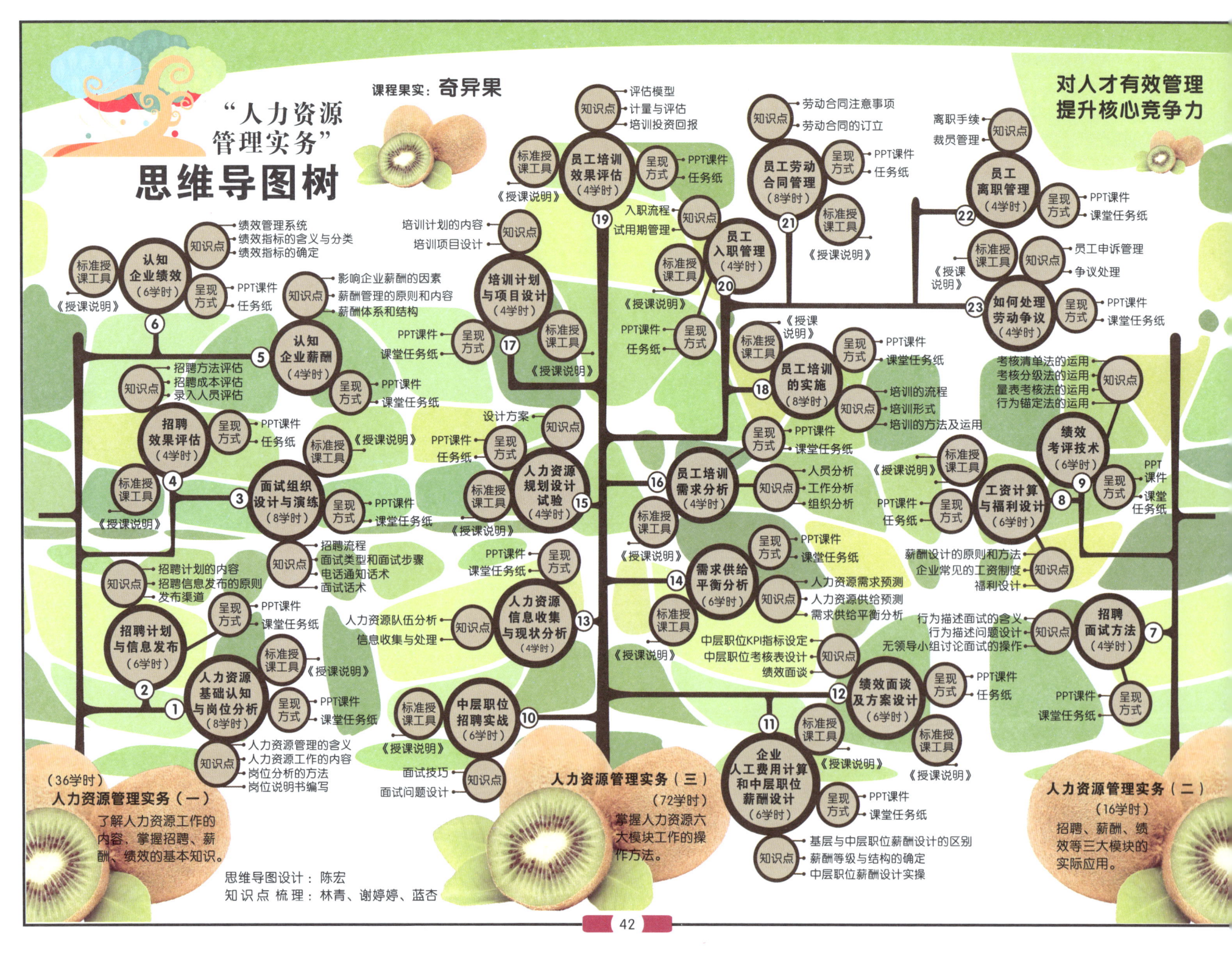

"人力资源管理实务"思维导图树

课程果实：奇异果

对人才有效管理 提升核心竞争力

① 人力资源基础认知与岗位分析（8学时）
- 知识点
  - 人力资源管理的含义
  - 人力资源工作的内容
  - 岗位分析的方法
  - 岗位说明书编写
- 呈现方式
  - PPT课件
  - 课堂任务纸
- 标准授课工具
- 《授课说明》

② 招聘计划与信息发布（6学时）
- 知识点
  - 招聘计划的内容
  - 招聘信息发布的原则
  - 发布渠道
- 呈现方式
  - PPT课件
  - 课堂任务纸
- 标准授课工具
- 《授课说明》

③ 面试组织设计与演练（8学时）
- 知识点
  - 招聘流程
  - 面试类型和面试步骤
  - 电话通知话术
  - 面试话术
- 呈现方式
  - PPT课件
  - 课堂任务纸
- 标准授课工具
- 《授课说明》

④ 招聘效果评估（4学时）
- 知识点
  - 招聘方法评估
  - 招聘成本评估
  - 录入人员评估
- 呈现方式
  - PPT课件
  - 任务纸
- 标准授课工具
- 《授课说明》

⑤ 认知企业薪酬（4学时）
- 知识点
  - 影响企业薪酬的因素
  - 薪酬管理的原则和内容
  - 薪酬体系和结构
- 呈现方式
  - PPT课件
  - 课堂任务纸
- 标准授课工具
- 《授课说明》

⑥ 认知企业绩效（6学时）
- 知识点
  - 绩效管理系统
  - 绩效指标的含义与分类
  - 绩效指标的确定
- 呈现方式
  - PPT课件
  - 任务纸
- 标准授课工具
- 《授课说明》

⑦ 招聘面试方法（4学时）
- 知识点
  - 行为描述面试的含义
  - 行为描述问题设计
  - 无领导小组讨论面试的操作
- 呈现方式
  - PPT课件
  - 课堂任务纸

⑧ 工资计算与福利设计（6学时）
- 知识点
  - 薪酬设计的原则和方法
  - 企业常见的工资制度
  - 福利设计
- 呈现方式
  - PPT课件
  - 任务纸
- 标准授课工具
- 《授课说明》

⑨ 绩效考评技术（6学时）
- 知识点
  - 考核清单法的运用
  - 考核分级法的运用
  - 量表考核法的运用
  - 行为锚定法的运用
- 呈现方式
  - PPT课件
  - 课堂任务纸

⑩ 中层职位招聘实战（6学时）
- 知识点
  - 面试技巧
  - 面试问题设计
- 《授课说明》

⑪ 企业人工费用计算和中层职位薪酬设计（6学时）
- 知识点
  - 基层与中层职位薪酬设计的区别
  - 薪酬等级与结构的确定
  - 中层职位薪酬设计实操
- 呈现方式
  - PPT课件
  - 课堂任务纸
- 标准授课工具
- 《授课说明》

⑫ 绩效面谈及方案设计（6学时）
- 知识点
  - 中层职位KPI指标设定
  - 中层职位考核表设计
  - 绩效面谈
- 呈现方式
  - PPT课件
  - 任务纸
- 标准授课工具
- 《授课说明》

⑬ 人力资源信息收集与现状分析（4学时）
- 知识点
  - 人力资源队伍分析
  - 信息收集与处理
- 呈现方式
  - PPT课件
  - 课堂任务纸
- 标准授课工具
- 《授课说明》

⑭ 需求供给平衡分析（6学时）
- 知识点
  - 人力资源需求预测
  - 人力资源供给预测
  - 需求供给平衡分析
- 呈现方式
  - PPT课件
  - 课堂任务纸
- 标准授课工具
- 《授课说明》

⑮ 人力资源规划设计试验（4学时）
- 知识点
  - 设计方案
- 呈现方式
  - PPT课件
  - 任务纸
- 标准授课工具
- 《授课说明》

⑯ 员工培训需求分析（4学时）
- 知识点
  - 人员分析
  - 工作分析
  - 组织分析
- 呈现方式
  - PPT课件
  - 课堂任务纸
- 标准授课工具
- 《授课说明》

⑰ 培训计划与项目设计（4学时）
- 知识点
  - 培训计划的内容
  - 培训项目设计
- 呈现方式
  - PPT课件
  - 任务纸
- 标准授课工具
- 《授课说明》

⑱ 员工培训的实施（8学时）
- 知识点
  - 培训的流程
  - 培训形式
  - 培训的方法及运用
- 呈现方式
  - PPT课件
  - 课堂任务纸
- 标准授课工具
- 《授课说明》

⑲ 员工培训效果评估（4学时）
- 知识点
  - 评估模型
  - 计量与评估
  - 培训投资回报
- 呈现方式
  - PPT课件
  - 任务纸
- 标准授课工具
- 《授课说明》

⑳ 员工入职管理（4学时）
- 知识点
  - 入职流程
  - 试用期管理
- 呈现方式
  - PPT课件
  - 任务纸
- 标准授课工具
- 《授课说明》

㉑ 员工劳动合同管理（8学时）
- 知识点
  - 劳动合同注意事项
  - 劳动合同的订立
- 呈现方式
  - PPT课件
  - 任务纸
- 标准授课工具
- 《授课说明》

㉒ 员工离职管理（4学时）
- 知识点
  - 离职手续
  - 裁员管理
- 呈现方式
  - PPT课件
  - 课堂任务纸
- 标准授课工具
- 《授课说明》

㉓ 如何处理劳动争议（4学时）
- 知识点
  - 员工申诉管理
  - 争议处理
- 呈现方式
  - PPT课件
  - 课堂任务纸

人力资源管理实务（一）（36学时）
了解人力资源工作的内容，掌握招聘、薪酬、绩效的基本知识。

人力资源管理实务（三）（72学时）
掌握人力资源六大模块工作的操作方法。

人力资源管理实务（二）（16学时）
招聘、薪酬、绩效等三大模块的实际应用。

思维导图设计：陈宏
知识点梳理：林青、谢婷婷、蓝杏

教 可视化思维导图设计

可视化翻转课堂

任务名称1：画一个与人力资源管理相关的思维导图
任务名称2：
如不选任务1，任务2可根据团队或个人相关项目确定。

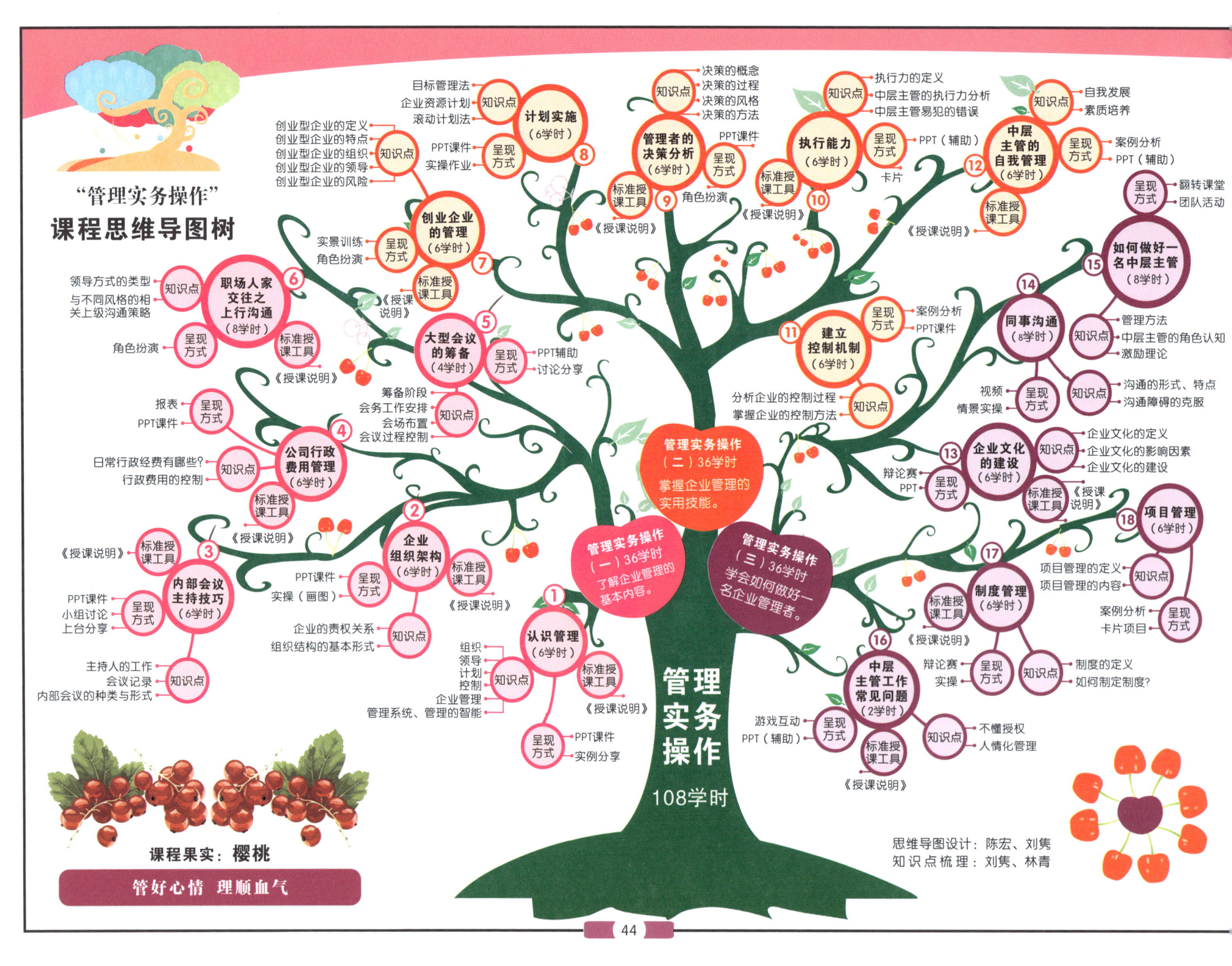

"管理实务操作"课程思维导图树

管理实务操作 108学时

- **管理实务操作（一）36学时** 了解企业管理的基本内容。
- **管理实务操作（二）36学时** 掌握企业管理的实用技能。
- **管理实务操作（三）36学时** 学会如何做好一名企业管理者。

① 认识管理（6学时）
- 知识点：组织、领导、计划、控制、企业管理、管理系统、管理的智能
- 呈现方式：PPT课件、实例分享
- 标准授课工具：《授课说明》

② 企业组织架构（6学时）
- 知识点：企业的责权关系、组织结构的基本形式
- 呈现方式：PPT课件、实操（画图）
- 标准授课工具：《授课说明》

③ 内部会议主持技巧（6学时）
- 知识点：主持人的工作、会议记录、内部会议的种类与形式
- 呈现方式：PPT课件、小组讨论、上台分享
- 标准授课工具：《授课说明》

④ 公司行政费用管理（6学时）
- 知识点：日常行政经费有哪些？、行政费用的控制
- 呈现方式：报表、PPT课件
- 标准授课工具：《授课说明》

⑤ 大型会议的筹备（4学时）
- 知识点：筹备阶段、会务工作安排、会场布置、会议过程控制
- 呈现方式：PPT辅助、讨论分享

⑥ 职场人家交往之上行沟通（8学时）
- 知识点：领导方式的类型、与不同风格的相关上级沟通策略
- 呈现方式：角色扮演
- 标准授课工具：《授课说明》

⑦ 创业企业的管理（6学时）
- 知识点：创业型企业的定义、创业型企业的特点、创业型企业的组织、创业型企业的领导、创业型企业的风险
- 呈现方式：实景训练、角色扮演
- 标准授课工具：《授课说明》

⑧ 计划实施（6学时）
- 知识点：目标管理法、企业资源计划、滚动计划法
- 呈现方式：PPT课件、实操作业

⑨ 管理者的决策分析（6学时）
- 知识点：决策的概念、决策的过程、决策的风格、决策的方法
- 呈现方式：PPT课件、角色扮演
- 标准授课工具：《授课说明》

⑩ 执行能力（6学时）
- 知识点：执行力的定义、中层主管的执行力分析、中层主管易犯的错误
- 呈现方式：PPT（辅助）、卡片
- 标准授课工具：《授课说明》

⑪ 建立控制机制（6学时）
- 知识点：分析企业的控制过程、掌握企业的控制方法
- 呈现方式：案例分析、PPT课件

⑫ 中层主管的自我管理（6学时）
- 知识点：自我发展、素质培养
- 呈现方式：案例分析、PPT（辅助）

⑬ 企业文化的建设（6学时）
- 知识点：企业文化的定义、企业文化的影响因素、企业文化的建设
- 呈现方式：辩论赛、PPT
- 标准授课工具：《授课说明》

⑭ 同事沟通（8学时）
- 知识点：沟通的形式、特点、沟通障碍的克服
- 呈现方式：视频、情景实操

⑮ 如何做好一名中层主管（8学时）
- 知识点：管理方法、中层主管的角色认知、激励理论
- 呈现方式：翻转课堂、团队活动

⑯ 中层主管工作常见问题（2学时）
- 知识点：不懂授权、人情化管理
- 呈现方式：游戏互动、PPT（辅助）
- 标准授课工具：《授课说明》

⑰ 制度管理（6学时）
- 知识点：制度的定义、如何制定制度？
- 呈现方式：辩论赛、实操
- 标准授课工具：《授课说明》

⑱ 项目管理（6学时）
- 知识点：项目管理的定义、项目管理的内容
- 呈现方式：案例分析、卡片项目

课程果实：樱桃

管好心情 理顺血气

思维导图设计：陈宏、刘隽
知识点梳理：刘隽、林青

可视化思维导图设计

任务名称1：画一个与管理实务操作相关的思维导图
任务名称2：
如不选任务1，任务2可根据团队或个人相关项目确定。

"五星级客服" 思维导图树

思维导图设计：陈宏
知识点梳理：王蕾、江兰

苹果五星，甜美入心
课程果实：青苹果

五星级客服 26学时
学习客服的基本知识以及在客户关系维护中的技巧

1. 客服的职责与目的（2学时）
- 知识点
  - 客服的定义
  - 客服的重要性
  - 客服的职责
- 呈现方式
  - PPT（辅助）
  - 课堂任务纸
  - 案例和视频分享
  - 角色演练
- 标准授课工具
- 《授课说明》

2. 客户满意度管理（2学时）
- 知识点
  - 客户满意的定义
  - 满意度的衡量
  - 让客户满意的要素
- 呈现方式
  - PPT（辅助）
  - 课堂任务纸
  - 案例和视频分享
  - 角色演练
- 标准授课工具
- 《授课说明》

3. 电话沟通礼仪及声音塑造（4学时）
- 知识点
  - 电话沟通礼仪
  - 如何塑造声音
- 呈现方式
  - PPT（辅助）
  - 课堂任务纸
  - 案例和视频分享
  - 角色演练
- 标准授课工具
- 《授课说明》

4. 电话沟通技巧（4学时）
- 知识点
  - 询问技巧
  - 倾听技巧
- 呈现方式
  - PPT（辅助）
  - 课堂任务纸
  - 案例和视频分享
  - 角色演练
- 标准授课工具
- 《授课说明》

5. 客服投诉处理（8学时）
- 知识点
  - 导致客户投诉的原因及分类
  - 客户投诉处理的流程及方式
  - 客户投诉处理技巧及巩固
- 呈现方式
  - PPT（辅助）
  - 课堂任务纸
  - 案例和视频分享
  - 角色演练
- 标准授课工具
- 《授课说明》

6. 品牌服务与建立客户忠诚度（6学时）
- 知识点
  - 如何树立品牌服务？
  - 树立品牌服务的重要性和必要性
  - 建立忠诚客户群的原则
  - 建立忠诚客户群的关键步骤
- 呈现方式
  - PPT（辅助）
  - 课堂任务纸
  - 案例和视频分享
  - 角色演练
- 标准授课工具
- 《授课说明》

> 课程呈现方式的形式可多选，具体呈现的内容不一样。

- 本思维导图课程章节、知识点等供教师进行课程设计参考。
- 学生可从自身需求出发，提出相关改进意见，与教师共同优化课程。
- 具体学时设计根据学校和教研室制订的人才培养方案设定。

教 可视化思维导图设计

可视化翻转课堂

任务名称1：画一个与客户关系相关的思维导图
任务名称2：
如不选任务1，任务2可根据团队或个人相关项目确定。

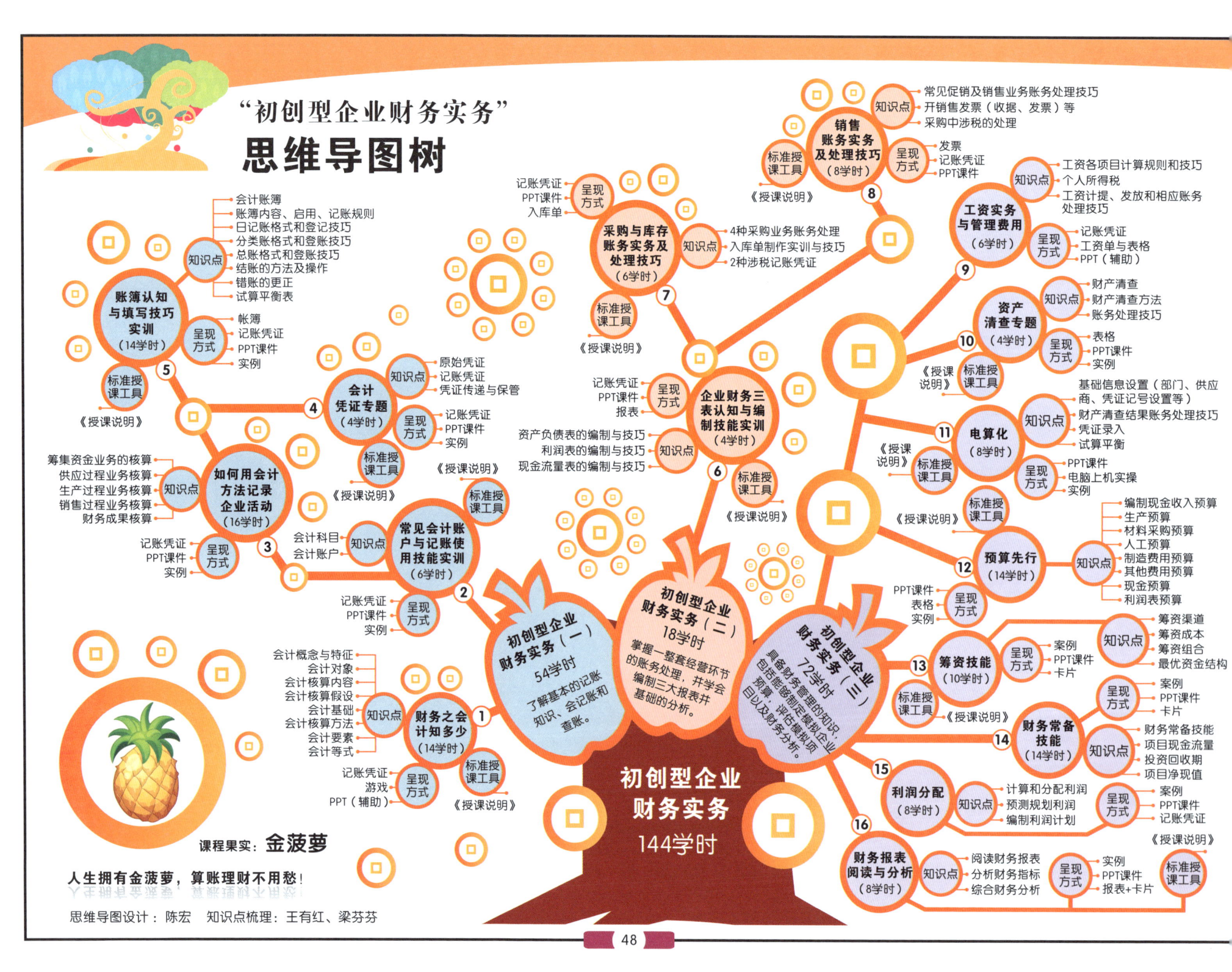

"初创型企业财务实务" 思维导图树

初创型企业财务实务 144学时

初创型企业财务实务（一）54学时
了解基本的记账知识、会记账和查账。

1. 财务之会计知多少（14学时）
- 知识点：会计概念与特征、会计对象、会计核算内容、会计核算假设、会计基础、会计核算方法、会计要素、会计等式
- 呈现方式：记账凭证、游戏、PPT（辅助）
- 标准授课工具：《授课说明》

2. 常见会计账户与记账使用技能实训（6学时）
- 知识点：会计科目、会计账户
- 呈现方式：记账凭证、PPT课件、实例
- 标准授课工具：《授课说明》

3. 如何用会计方法记录企业活动（16学时）
- 知识点：筹集资金业务的核算、供应过程业务核算、生产过程业务核算、销售过程业务核算、财务成果核算
- 呈现方式：记账凭证、PPT课件、实例
- 标准授课工具：《授课说明》

4. 会计凭证专题（4学时）
- 知识点：原始凭证、记账凭证、凭证传递与保管
- 呈现方式：记账凭证、PPT课件、实例
- 标准授课工具：《授课说明》

5. 账簿认知与填写技巧实训（14学时）
- 知识点：会计账簿、账簿内容、启用、记账规则、日记账格式和登记技巧、分类账格式和登记技巧、总账格式和登记技巧、结账的方法及操作、错账的更正、试算平衡表
- 呈现方式：帐簿、记账凭证、PPT课件、实例
- 标准授课工具：《授课说明》

初创型企业财务实务（二）18学时
掌握一整套经营环节的账务处理，并学会编制三大报表并基础的分析。

6. 企业财务三表认知与编制技能实训（4学时）
- 知识点：资产负债表的编制与技巧、利润表的编制与技巧、现金流量表的编制与技巧
- 呈现方式：记账凭证、PPT课件、报表
- 标准授课工具：《授课说明》

7. 采购与库存账务实务及处理技巧（6学时）
- 知识点：4种采购业务账务处理、入库单制作实训与技巧、2种涉税记账凭证
- 呈现方式：记账凭证、PPT课件、入库单
- 标准授课工具：《授课说明》

8. 销售账务实务及处理技巧（8学时）
- 知识点：常见促销及销售业务账务处理技巧、开销售发票（收据、发票）等、采购中涉税的处理
- 呈现方式：发票、记账凭证、PPT课件
- 标准授课工具：《授课说明》

初创型企业财务实务（三）72学时
具备财务管理的知识、自主搭建岗位虚拟模型、预算、评估模拟项目以及财务分析。

9. 工资实务与管理费用（6学时）
- 知识点：工资各项目计算规则和技巧、个人所得税、工资计提、发放和相应账务处理技巧
- 呈现方式：记账凭证、工资单与表格、PPT（辅助）
- 标准授课工具：《授课说明》

10. 资产清查专题（4学时）
- 知识点：财产清查、财产清查方法、账务处理技巧
- 呈现方式：表格、PPT课件、实例
- 标准授课工具：《授课说明》

11. 电算化（8学时）
- 知识点：基础信息设置（部门、供应商、凭证记号设置等）、财产清查结果账务处理技巧、凭证录入、试算平衡
- 呈现方式：PPT课件、电脑上机实操、实例
- 标准授课工具：《授课说明》

12. 预算先行（14学时）
- 知识点：编制现金收入预算、生产预算、材料采购预算、人工预算、制造费用预算、其他费用预算、现金预算、利润表预算
- 呈现方式：PPT课件、表格、实例
- 标准授课工具：《授课说明》

13. 筹资技能（10学时）
- 知识点：筹资渠道、筹资成本、筹资组合、最优资金结构
- 呈现方式：案例、PPT课件、卡片
- 标准授课工具：《授课说明》

14. 财务常备技能（14学时）
- 知识点：财务常备技能、项目现金流量、投资回收期、项目净现值
- 呈现方式：案例、PPT课件、卡片
- 标准授课工具：《授课说明》

15. 利润分配（8学时）
- 知识点：计算和分配利润、预测规划利润、编制利润计划
- 呈现方式：案例、PPT课件、记账凭证
- 标准授课工具：《授课说明》

16. 财务报表阅读与分析（8学时）
- 知识点：阅读财务报表、分析财务指标、综合财务分析
- 呈现方式：实例、PPT课件、报表+卡片
- 标准授课工具：《授课说明》

课程果实：金菠萝

人生拥有金菠萝，算账理财不用愁！

思维导图设计：陈宏　　知识点梳理：王有红、梁芬芬

可视化思维导图设计

任务名称1：画一个与初创型企业财务相关的思维导图
任务名称2：
如不选任务1，任务2可根据团队或个人相关项目确定。

"商业模式与创新" 思维导图树

每次课（2节或4节）都依托商业模式案例库，围绕一个商业模式案例进行分解和剖析，商业模式的打磨与实践由创业系列课程衔接和落地。

创新思维，塑造价值

"商业模式与创新"
课程果实：新奇士橙

3. 商业模式决定商业价值（8学时）

- 《授课说明》
- 标准授课工具
- 呈现方式
  - 案例册
  - 任务卡
  - PPT（辅助）
  - 其他教学道具
- 知识点
  - 客户价值是商业价值之源
  - 塑造价值与核心竞争力
  - 打磨盈利模式与资源整合
  - 商业模式经典案例呈现与深度思考

2. 商业模式定位与设计（8学时）

- 《授课说明》
- 标准授课工具
- 呈现方式
  - 案例册
  - 任务卡
  - PPT（辅助）
  - 其他教学道具
- 知识点
  - 商业模式定位的5个关键词
  - 商业模式设计8大要点
  - 成功商业模式主要特征
  - 在案例分析基础上对商业模式进行定位和设计

4. 商业模式创新思维（8学时）

- 《授课说明》
- 标准授课工具
- 呈现方式
  - 案例册
  - 任务卡
  - PPT（辅助）
  - 其他教学道具
- 知识点
  - 商业模式的角度创新
  - 率先模仿的创新：一仿二改三研四创
  - 商业模式的跨界嫁接
  - 商业模式创新经典案例呈现与多维度探讨

1. 商业模式与创新初探（8学时）

- 知识点
  - 什么是商业模式？
  - 商业模式为什么要创新？
  - 结合案例初探商业模式
  - 对比成功与失败案例初探商业模式创新
- 《授课说明》
- 标准授课工具
- 呈现方式
  - 案例册
  - 任务卡
  - PPT（辅助）
  - 其他教学道具

《商业模式与创新》 36学时

5. 商业模式的创新驱动力（4学时）

- 《授课说明》
- 标准授课工具
- 呈现方式
  - 案例册
  - 任务卡
  - PPT（辅助）
  - 其他教学道具
- 知识点
  - 商业模式创新内在驱动力
  - 商业模式创新外在驱动力
  - 创新的成功案例剖析与借鉴
  - 创新的失败案例剖析与借鉴

思维导图设计：陈宏　　知识点梳理：陈宏、夏海兰

商业模式案例库

- 失败案例
- 成功案例

- 实体经营商业模式案例册
- 互联网+商业模式案例册
- 资本运作商业模式案例册

可视化思维导图设计

可视化翻转课堂

任务名称1：画一个与商业模式相关的思维导图
任务名称2：
如不选任务1，任务2可根据团队或个人相关项目确定。

"实体经营"课程思维导图树

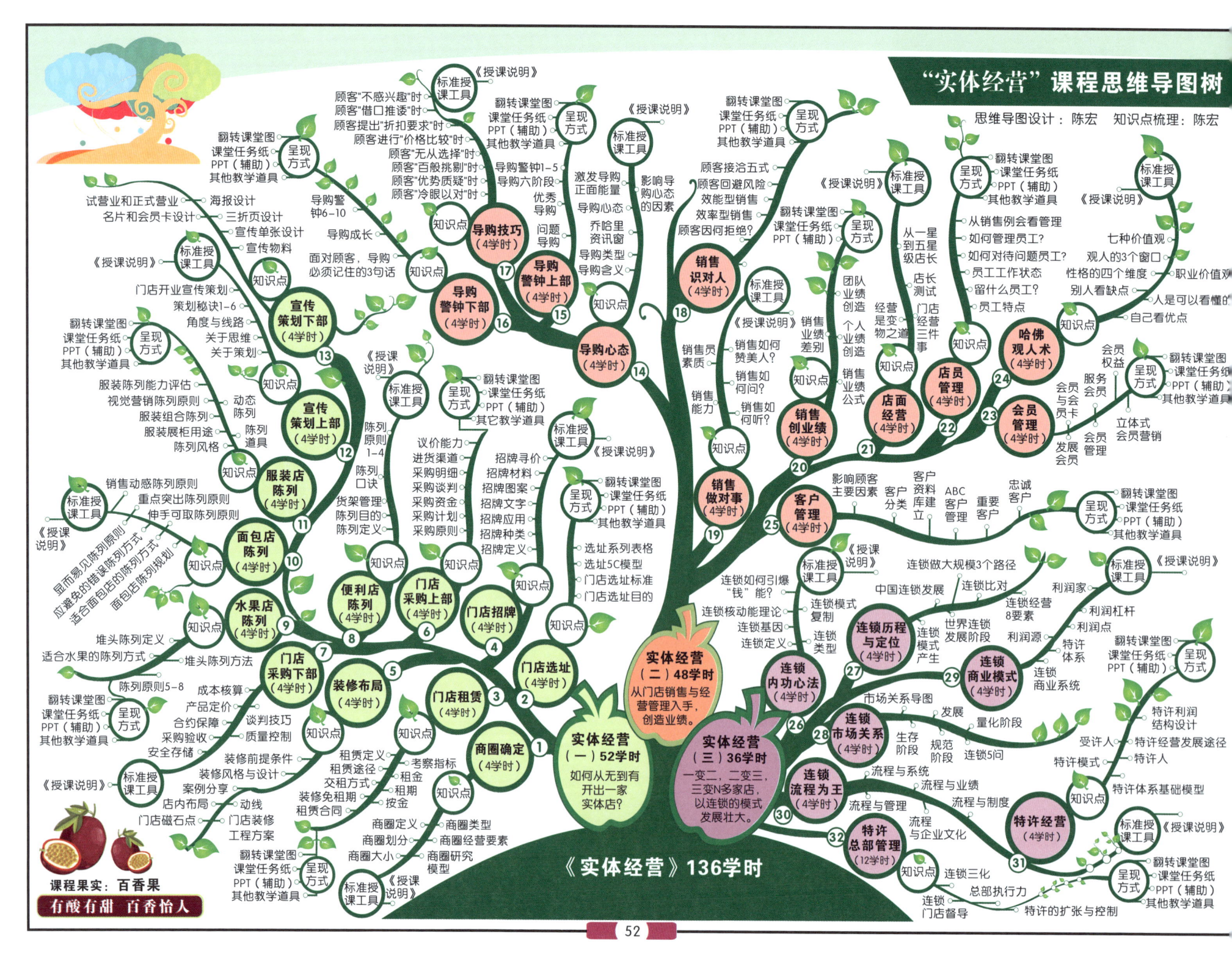

思维导图设计：陈宏　知识点梳理：陈宏

《实体经营》136学时

实体经营（一）52学时
如何从无到有开出一家实体店？

实体经营（二）48学时
从门店销售与经营管理入手，创造业绩。

实体经营（三）36学时
一变二，二变三，三变N多家店，以连锁的模式发展壮大。

课程果实：百香果
有酸有甜 百香怡人

---

1. 商圈确定（4学时）
- 知识点
  - 商圈定义
  - 商圈类型
  - 商圈经营要素
  - 商圈划分
  - 商圈研究模型
  - 商圈大小
- 呈现方式
- 标准授课工具
  - 《授课说明》
  - 翻转课堂图
  - 课堂任务纸
  - PPT（辅助）
  - 其他教学道具

2. 门店选址（4学时）
- 知识点
  - 门店选址目的
  - 门店选址标准
  - 选址5C模型
  - 选址系列表格

3. 门店租赁（4学时）
- 知识点
  - 租赁定义
  - 租赁途径
  - 交租方式
  - 租金
  - 租期
  - 按金
  - 租赁合同
  - 装修免租期
  - 谈判技巧
  - 合约保障
  - 案例分享

4. 门店招牌（4学时）
- 知识点
  - 招牌定义
  - 招牌种类
  - 招牌应用
  - 招牌文字
  - 招牌图案
  - 招牌材料
  - 招牌寻价

5. 装修布局（4学时）
- 知识点
  - 装修前提条件
  - 装修风格与设计
  - 装修免租期
  - 门店装修工程方案
  - 动线
  - 店内布局
  - 门店磁石点

6. 门店采购上部（4学时）
- 知识点
  - 采购定义
  - 采购原则
  - 采购种类
  - 采购计划
  - 采购资金
  - 采购谈判
  - 采购明细
  - 进货渠道
  - 议价能力

7. 门店采购下部（4学时）
- 知识点
  - 货架管理
  - 陈列口诀
  - 陈列原则1-4
  - 陈列道具
  - 动态陈列
  - 安全存储
  - 采购验收
  - 质量控制
  - 产品定价
  - 成本核算

8. 便利店陈列（4学时）
- 知识点
  - 陈列原则5-8

9. 水果店陈列（4学时）
- 知识点
  - 堆头陈列方法
  - 堆头陈列定义
  - 适合水果的陈列方式

10. 面包店陈列（4学时）
- 知识点
  - 适合面包店的陈列方式
  - 应避免的错误陈列方式
  - 显而易见陈列原则
  - 面包店陈列规划

11. 服装店陈列（4学时）
- 知识点
  - 伸手可取陈列原则
  - 重点突出陈列原则
  - 销售动感陈列原则
  - 服装陈列风格
  - 服装展柜用途
  - 服装组合陈列
  - 视觉营销陈列原则
  - 服装陈列能力评估

12. 宣传策划上部（4学时）
- 知识点
  - 关于策划
  - 关于思维
  - 角度与线路
  - 策划秘诀1-6
  - 门店开业宣传策划

13. 宣传策划下部（4学时）
- 知识点
  - 宣传物料
  - 宣传单张设计
  - 三折页设计
  - 海报设计
  - 名片和会员卡设计
  - 试营业和正式营业
  - 面对顾客，导购必须记住的3句话
  - 导购成长
  - 导购警钟6-10

14. 导购心态（4学时）
- 知识点
  - 导购含义
  - 导购类型
  - 导购心态
  - 乔哈里资讯窗
  - 问题导购
  - 优秀导购
  - 导购心态正面能量激发
  - 影响导购心态的因素

15. 导购警钟下部（4学时）

16. 导购警钟上部（4学时）
- 知识点
  - 导购警钟1-5
  - 导购六阶段
  - 顾客"冷眼以对"时
  - 顾客"优势质疑"时
  - 顾客"百般挑剔"时
  - 顾客"无从选择"时
  - 顾客进行"价格比较"时
  - 顾客提出"折扣要求"时
  - 顾客"借口推诿"时
  - 顾客"不感兴趣"时

17. 导购技巧（4学时）

18. 销售识对人（4学时）
- 知识点
  - 顾客接洽五式
  - 顾客回避风险
  - 效能型销售
  - 效率型销售
  - 顾客因何拒绝？

19. 销售做对事（4学时）
- 知识点
  - 销售能力
  - 销售员素质
  - 销售如何赞美人？
  - 销售如何问？
  - 销售如何听？

20. 销售创业绩（4学时）
- 知识点
  - 销售业绩公式
  - 销售业绩差别
  - 个人业绩创造
  - 团队业绩创造

21. 店面经营（4学时）
- 知识点
  - 经营是变物之道
  - 门店经营三件事
  - 店长测试
  - 从一星到五级店长

22. 店员管理（4学时）
- 知识点
  - 员工特点
  - 员工工作状态
  - 留什么员工？
  - 如何对待问题员工？
  - 如何管理员工？
  - 从销售例会看管理

23. 会员管理（4学时）
- 知识点
  - 发展会员
  - 会员与会员卡
  - 服务会员
  - 会员权益
  - 立体式会员营销
  - 会员管理

24. 哈佛观人术（4学时）
- 知识点
  - 自己看优点
  - 别人看缺点
  - 人是可以看懂的
  - 职业价值观
  - 性格的四个维度
  - 观人的3个窗口
  - 七种价值观

25. 客户管理（4学时）
- 知识点
  - 客户分类
  - 客户库建立
  - 客户资料管理
  - ABC客户管理
  - 重要客户
  - 忠诚客户

26. 连锁内功心法（4学时）
- 知识点
  - 连锁定义
  - 连锁类型
  - 连锁基因
  - 连锁模式复制
  - 连锁核动能理论
  - 连锁如何引爆"钱"能？

27. 连锁历程与定位（4学时）
- 知识点
  - 连锁模式产生
  - 世界连锁发展阶段
  - 中国连锁发展
  - 连锁比对
  - 连锁经营8要素
  - 利润杠杆
  - 利润源
  - 利润家

28. 连锁市场关系（4学时）
- 知识点
  - 生存阶段
  - 规范阶段
  - 量化阶段
  - 发展
  - 市场关系导图

29. 连锁商业模式（4学时）
- 知识点
  - 连锁商业系统
  - 连锁体系
  - 连锁5问
  - 特许模式
  - 特许经营发展途径
  - 特许人
  - 受许人
  - 特许利润结构设计
  - 特许体系基础模型

30. 连锁流程为王（4学时）
- 知识点
  - 流程与管理
  - 流程与系统
  - 流程与业绩
  - 流程与制度
  - 流程与企业文化

31. 特许经营（4学时）

32. 特许总部管理（12学时）
- 知识点
  - 连锁三化
  - 连锁门店督导
  - 总部执行力
  - 特许的扩张与控制

（每个分支标准授课工具：《授课说明》、翻转课堂图、课堂任务纸、PPT（辅助）、其他教学道具；呈现方式）

可视化思维导图设计

任务名称1：画一个与实体经营相关的思维导图
任务名称2：
如不选任务1，任务2可根据团队或个人相关项目确定。

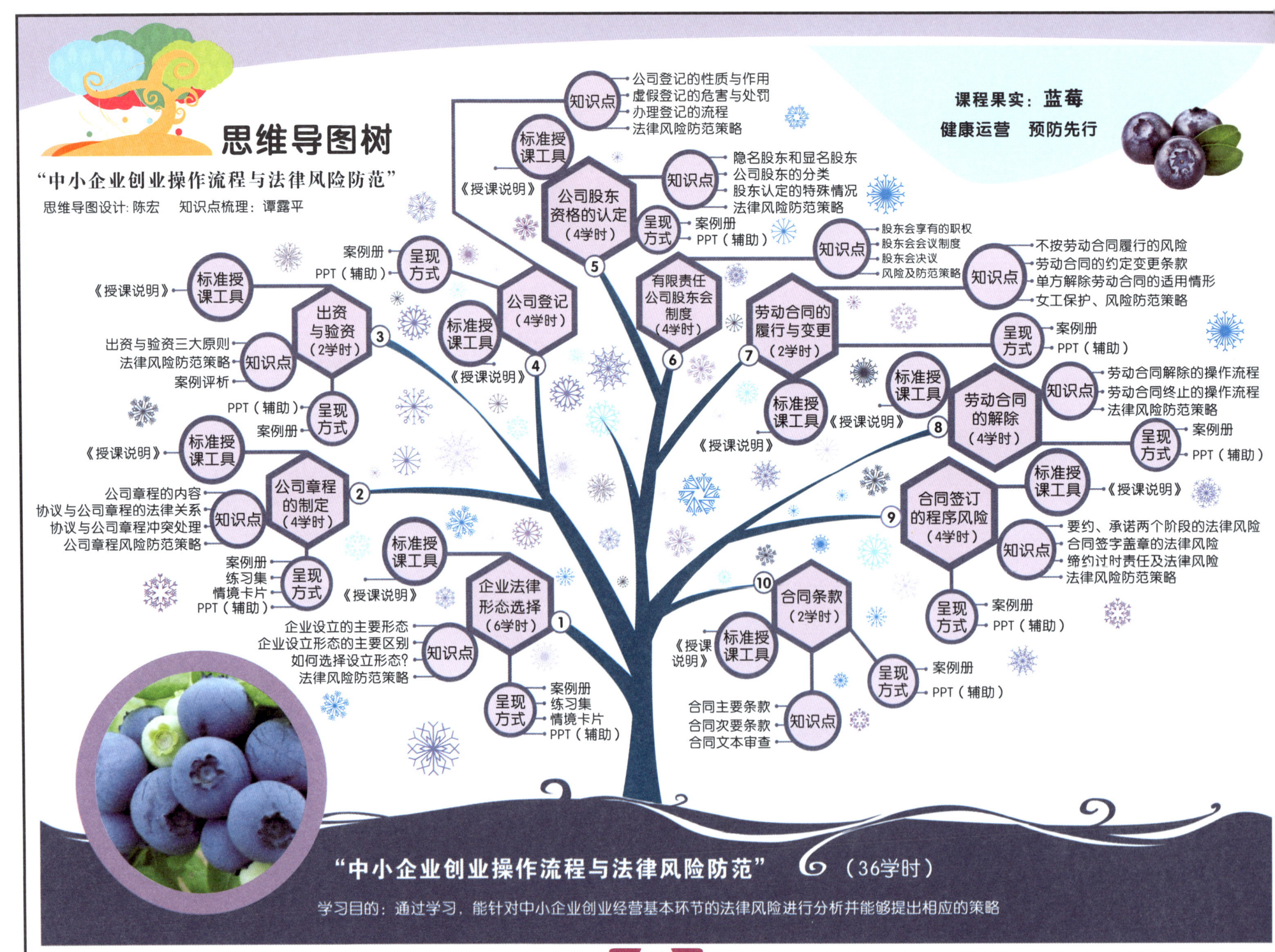

思维导图树

"中小企业创业操作流程与法律风险防范"

思维导图设计：陈宏　　知识点梳理：谭露平

课程果实：蓝莓
健康运营　预防先行

1. 企业法律形态选择（6学时）
- **知识点**
  - 企业设立的主要形态
  - 企业设立形态的主要区别
  - 如何选择设立形态？
  - 法律风险防范策略
- **标准授课工具**：《授课说明》
- **呈现方式**：案例册、练习集、情境卡片、PPT（辅助）

2. 公司章程的制定（4学时）
- **知识点**
  - 公司章程的内容
  - 协议与公司章程的法律关系
  - 协议与公司章程冲突处理
  - 公司章程风险防范策略
- **标准授课工具**：《授课说明》
- **呈现方式**：案例册、练习集、情境卡片、PPT（辅助）

3. 出资与验资（2学时）
- **知识点**
  - 出资与验资三大原则
  - 法律风险防范策略
  - 案例评析
- **标准授课工具**：《授课说明》
- **呈现方式**：案例册、PPT（辅助）

4. 公司登记（4学时）
- **知识点**
  - 公司登记的性质与作用
  - 虚假登记的危害与处罚
  - 办理登记的流程
  - 法律风险防范策略
- **标准授课工具**：《授课说明》
- **呈现方式**：案例册、PPT（辅助）

5. 公司股东资格的认定（4学时）
- **知识点**
  - 隐名股东和显名股东
  - 公司股东的分类
  - 股东认定的特殊情况
  - 法律风险防范策略
- **呈现方式**：案例册、PPT（辅助）

6. 有限责任公司股东会制度（4学时）
- **知识点**
  - 股东会享有的职权
  - 股东会会议制度
  - 股东会决议
  - 风险及防范策略
- **标准授课工具**：《授课说明》

7. 劳动合同的履行与变更（2学时）
- **知识点**
  - 不按劳动合同履行的风险
  - 劳动合同的约定变更条款
  - 单方解除劳动合同的适用情形
  - 女工保护、风险防范策略
- **呈现方式**：案例册、PPT（辅助）

8. 劳动合同的解除（4学时）
- **知识点**
  - 劳动合同解除的操作流程
  - 劳动合同终止的操作流程
  - 法律风险防范策略
- **标准授课工具**：《授课说明》
- **呈现方式**：案例册、PPT（辅助）

9. 合同签订的程序风险（4学时）
- **知识点**
  - 要约、承诺两个阶段的法律风险
  - 合同签字盖章的法律风险
  - 缔约过时责任及法律风险
  - 法律风险防范策略
- **呈现方式**：案例册、PPT（辅助）

10. 合同条款（2学时）
- **知识点**
  - 合同主要条款
  - 合同次要条款
  - 合同文本审查
- **标准授课工具**：《授课说明》
- **呈现方式**：案例册、PPT（辅助）

"中小企业创业操作流程与法律风险防范"（36学时）

学习目的：通过学习，能针对中小企业创业经营基本环节的法律风险进行分析并能够提出相应的策略

可视化思维导图设计

任务名称1：画一个与中小企业创业经营风险防范相关的思维导图
任务名称2：
如不选任务1，任务2可根据团队或个人相关项目确定。

"企业运营管理"游戏沙盘思维导图

大故事（角色体验）
过关任务（组合成大作业）
情境化沙盘（或配套情境图）

卓启大道

创业二路

① 企业治理（4学时） — 方验明企业身份后方可入园
入园口

② 资源规划（4学时）
③ 商务智能（8学时）
④ 企业信息管理（4学时）
⑤ 客户关系（8学时）
⑥ 管理遵从（4学时）
⑦ 人力资本（4学时）
⑧ 企业绩效（8学时）
⑨ 市场机会（8学时）
⑩ 供应链（8学时）
⑪ 供应商（8学时）
⑫ 虚实门店（12学时）
⑬ 财务管控（8学时）
⑭ 企业融资（4学时）
⑮ 预警机制（4学时）
⑯ 企业变革（4学时）
⑰ 持续发展（4学时）
⑱ 结局设计（4学时）

服务站　创业广场　服务站　服务站

创业一路

岭南CBD
LingNan Central Business District

出园口

来吧，我们共同开启企业运营大故事之旅！

教 可视化思维导图设计

可视化翻转课堂

任务名称1：画一个与企业运管管理相关的思维导图
任务名称2：
如不选任务1，任务2可根据团队或个人相关项目确定。

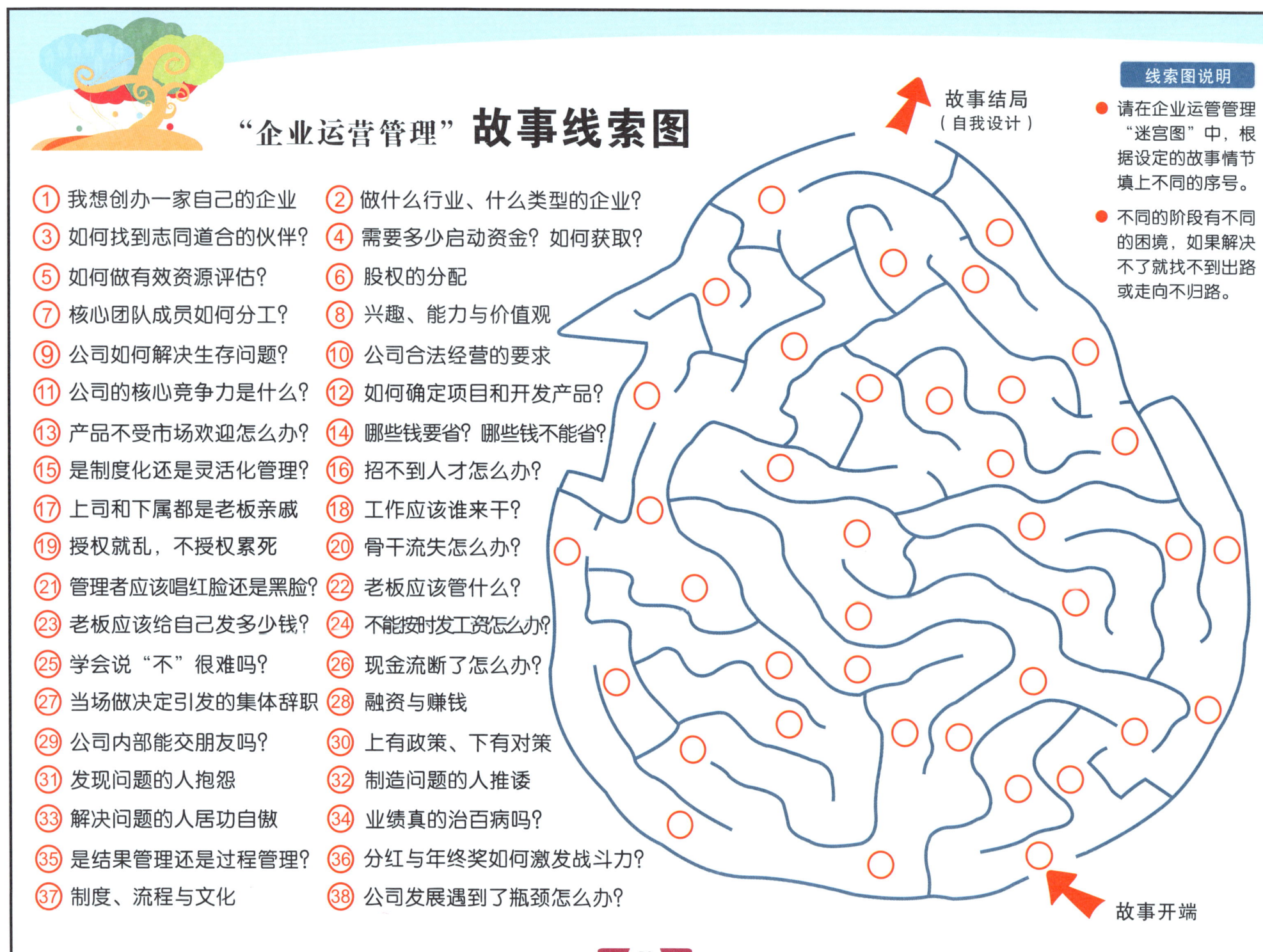

"企业运营管理"故事线索图

线索图说明

- 请在企业运管管理"迷宫图"中，根据设定的故事情节填上不同的序号。
- 不同的阶段有不同的困境，如果解决不了就找不到出路或走向不归路。

故事结局（自我设计）

故事开端

① 我想创办一家自己的企业
② 做什么行业、什么类型的企业？
③ 如何找到志同道合的伙伴？
④ 需要多少启动资金？如何获取？
⑤ 如何做有效资源评估？
⑥ 股权的分配
⑦ 核心团队成员如何分工？
⑧ 兴趣、能力与价值观
⑨ 公司如何解决生存问题？
⑩ 公司合法经营的要求
⑪ 公司的核心竞争力是什么？
⑫ 如何确定项目和开发产品？
⑬ 产品不受市场欢迎怎么办？
⑭ 哪些钱要省？哪些钱不能省？
⑮ 是制度化还是灵活化管理？
⑯ 招不到人才怎么办？
⑰ 上司和下属都是老板亲戚
⑱ 工作应该谁来干？
⑲ 授权就乱，不授权累死
⑳ 骨干流失怎么办？
㉑ 管理者应该唱红脸还是黑脸？
㉒ 老板应该管什么？
㉓ 老板应该给自己发多少钱？
㉔ 不能按时发工资怎么办？
㉕ 学会说"不"很难吗？
㉖ 现金流断了怎么办？
㉗ 当场做决定引发的集体辞职
㉘ 融资与赚钱
㉙ 公司内部能交朋友吗？
㉚ 上有政策、下有对策
㉛ 发现问题的人抱怨
㉜ 制造问题的人推诿
㉝ 解决问题的人居功自傲
㉞ 业绩真的治百病吗？
㉟ 是结果管理还是过程管理？
㊱ 分红与年终奖如何激发战斗力？
㊲ 制度、流程与文化
㊳ 公司发展遇到了瓶颈怎么办？

可视化思维导图设计

教 | 可视化翻转课堂

任务名称1：讲述一个创业闯关的故事，并描述情节。
任务名称2：
如不选任务1，任务2可根据团队或个人相关项目确定。

一、跨专业创业集训营

关于创新创业训练营

可视化翻转课堂

从"庖丁解牛"的角度看创新创业训练营

"教创孵投"是一个有机整体，构成创新创业系统的一个闭环。

在"教创孵投"中，"创"指的是创业训练，只有将创业理念转化为动作才能进行创业训练。在创业训练中，教练起着重要作用。如何让学员在发现的基础上切切实实做到，需要掌握和运用"教练技术"。

教 创业教学

创 创业训练
- 创业通识训练普及班（运用到"5+3"项目训练中）
- 创业集训营（模拟项目）
- 跨专业技能训练综合营（模拟+真实）
- 行业开店创业实操班（如粤菜创业……）
- "2+1"真实项目特训营

孵 创业项目孵化

投 创业项目投资
- 种子期
- 导入期
- 成长期

中小企业创业与经营专业创业训练系统导图

广东岭南职业技术学院

岭南创业管理学院（2013年4月–2019年7月） | **中小企业创业与经营专业（2015年5月–）**

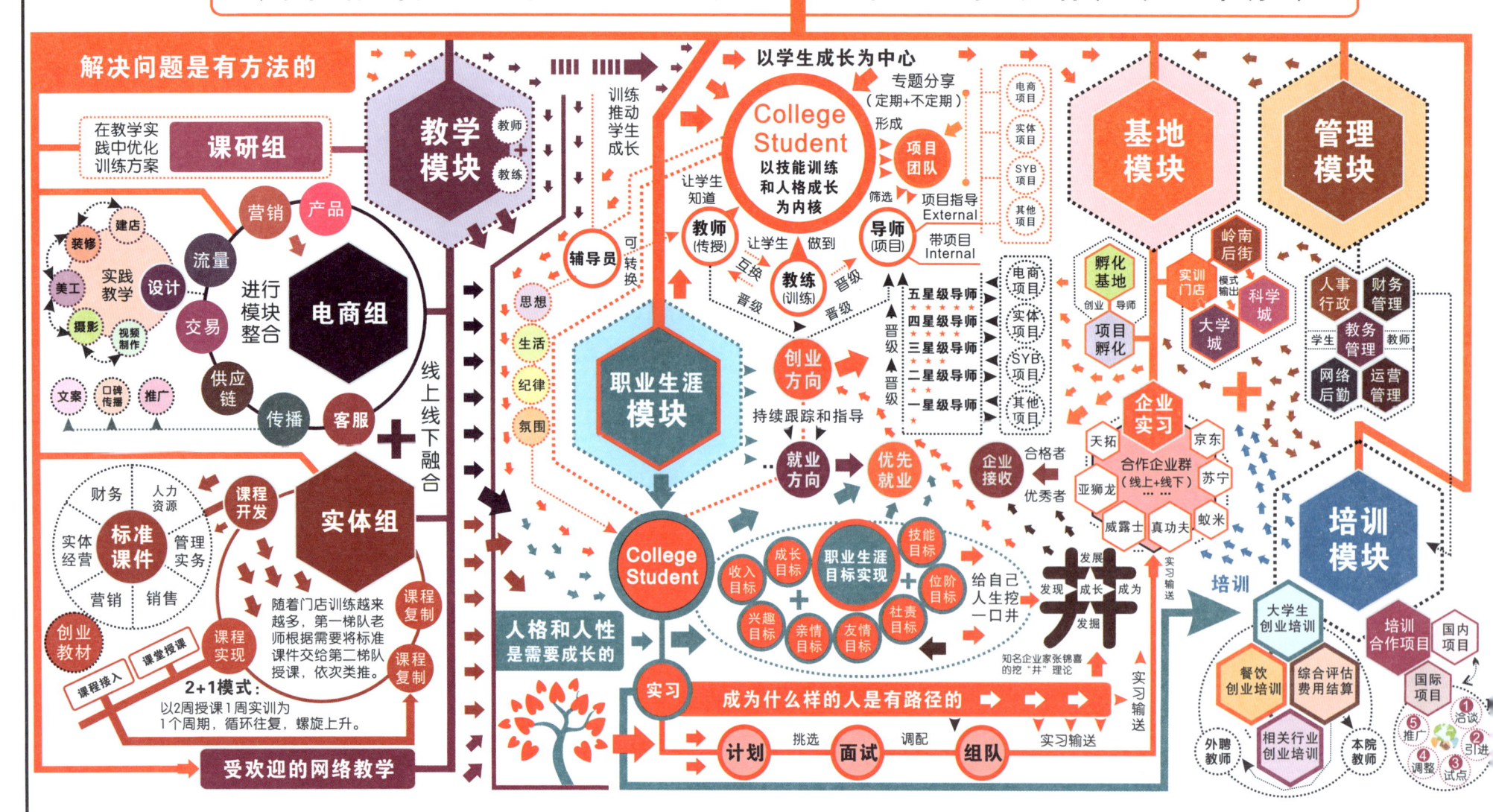

解决问题是有方法的

- 在教学实践中优化训练方案
- **课研组**
- **教学模块**（教师+教练）
- 训练推动学生成长
- 以学生成长为中心

课研组相关
- 营销、产品、建店、装修、美工、摄影、视频制作、文案、口碑传播、推广
- 流量、设计、交易、供应链、客服、传播
- **电商组** — 进行模块整合
- 实践教学

实体组
- 财务、人力资源、实体经营、管理实务、营销、销售
- **标准课件**、课程开发、课程接入、课堂授课、课程实现、课程复制
- 创业教材
- 随着门店训练越来越多，第一梯队老师根据需要将标准课件交给第二梯队授课，依次类推。
- **2+1模式**：以2周授课1周实训为1个周期，循环往复，螺旋上升。
- 线上线下融合
- 受欢迎的网络教学

College Student
以技能训练和人格成长为内核
- 专题分享（定期+不定期）形成
- 电商项目、实体项目、SYB项目、其他项目
- 项目团队
- 教师（传授）、教练（训练）、导师（项目）
- 项目指导 External / 带项目 Internal
- 辅导员（可转换）
- 互换、晋级
- 五星级导师 ★★★★★
- 四星级导师 ★★★★
- 三星级导师 ★★★
- 二星级导师 ★★
- 一星级导师 ★
- 电商项目、实体项目、SYB项目、其他项目
- 晋级

职业生涯模块
- 让学生知道 → 让学生做到
- 思想、生活、纪律、氛围
- 创业方向、就业方向
- 优先就业、企业接收
- 持续跟踪和指导

College Student
- 成长目标、技能目标、位阶目标
- 收入目标、职业生涯目标实现、社责目标
- 兴趣目标、亲情目标、友情目标
- **人格和人性是需要成长的**
- 实习 → 计划 → 挑选 → 面试 → 调配 → 组队 → 实习输送
- **成为什么样的人是有路径的**
- 知名企业家张锦喜的"挖井"理论：给自己人生挖一口井
- 发展、发现、发掘 → 井 → 成为

基地模块
- 孵化基地、岭南后街、实训门店、科学城
- 创业导师、项目孵化、大学城
- 模式输出
- **企业实习** — 合作企业群（线上+线下）：天拓、京东、苏宁、亚狮龙、蚁米、威露士、真功夫
- 合格者、优秀者

管理模块
- 人事行政、财务管理
- 教务管理
- 网络后勤、运营管理
- 教师、学生

培训模块
- 培训、实习输送
- 大学生创业培训
- 餐饮创业培训、综合评估费用结算
- 相关行业创业培训
- 外聘教师、本院教师
- 培训合作项目：国内项目、国际项目
- ①洽谈 ②引进 ③试点 ④调整 ⑤推广

创新创业项目系统导图

可视化翻转课堂

任务名称1：画一个与创新创业项目相关的系统导图
任务名称2：
如不选任务1，任务2可根据团队或个人相关项目确定。

校企合作跨专业创业训练与教学模式系统图

本图全部运行模式由广东岭南职业技术学院原创业管理学院院长张锦喜创建，陈宏老师系统整合绘制而成。

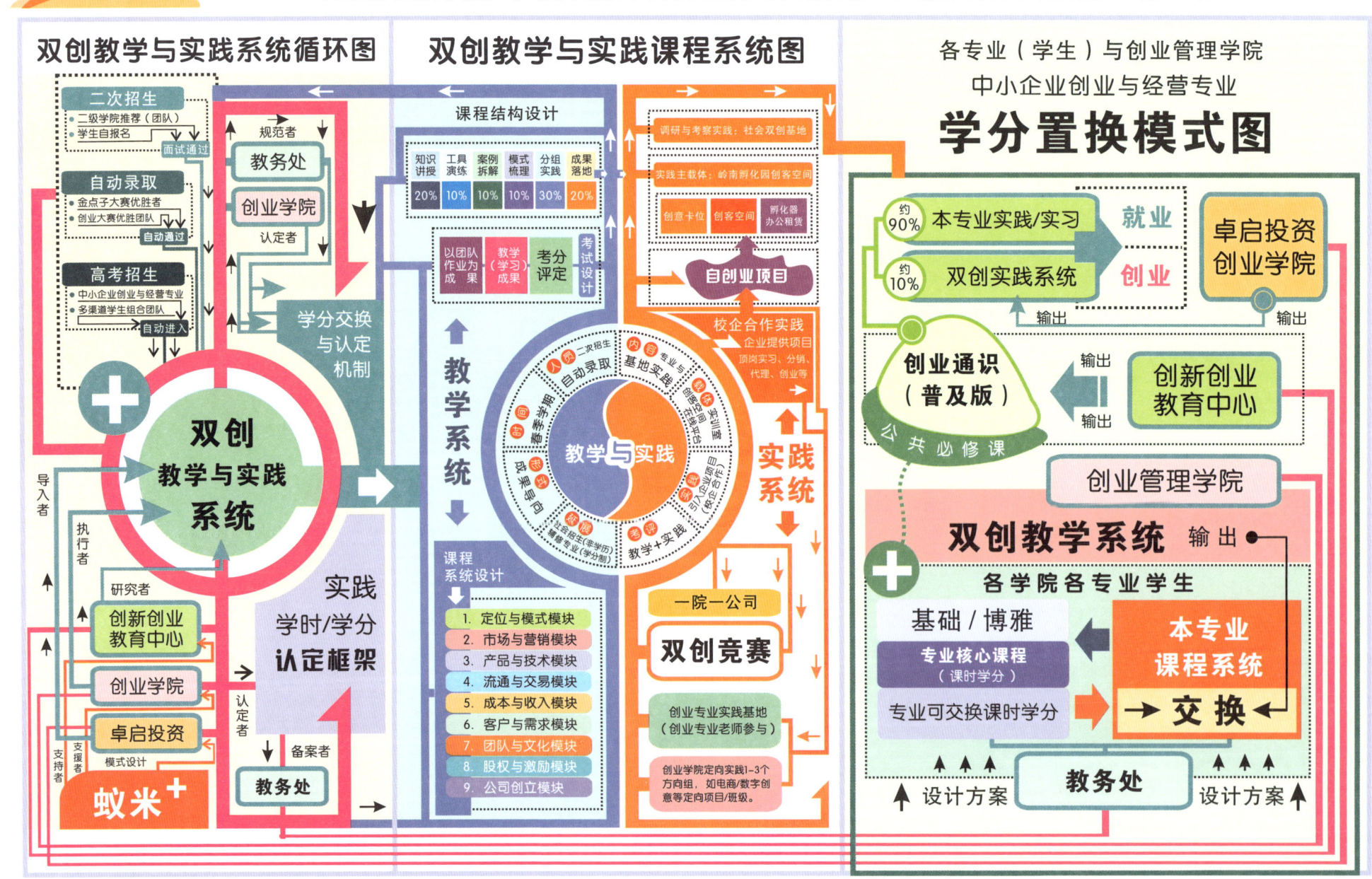

双创教学与实践系统循环图

- 二次招生
  - 二级学院推荐（团队）
  - 学生自报名
  - 面试通过
- 自动录取
  - 金点子大赛优胜者
  - 创业大赛优胜团队
  - 自动通过
- 高考招生
  - 中小企业创业与经营专业
  - 多渠道学生组合团队
  - 自动进入

规范者：教务处、创业学院（认定者）

学分交换与认定机制

双创教学与实践系统

导入者 / 执行者 / 研究者：创新创业教育中心
支援者：创业学院、卓启投资（模式设计）
蚁米+

实践学时/学分认定框架
认定者 / 备案者：教务处

双创教学与实践课程系统图

课程结构设计

知识讲授	工具演练	案例拆解	模式梳理	分组实践	成果落地
20%	10%	10%	10%	30%	20%

以团队作业为成果 / 教学（学习）成果 / 考分评定 / 考试设计

教学系统 ⇄ **教学与实践** ⇄ **实践系统**

（内环：入学、春季学期、成果导向、考评、收获、引入企业项目（校企合作）、社会招生（非学历）、博雅专业（学分制）、成果展示、专业与基地实践、创客空间（孵化辅助）、自动录取、二次招生）

课程系统设计

1. 定位与模式模块
2. 市场与营销模块
3. 产品与技术模块
4. 流通与交易模块
5. 成本与收入模块
6. 客户与需求模块
7. 团队与文化模块
8. 股权与激励模块
9. 公司创立模块

调研与考察实践：社会双创基地
实践主载体：岭南孵化园创客空间
- 创意卡位
- 创客空间
- 孵化器办公室租赁

自创业项目

校企合作实践
企业提供项目
顶岗实习、分销、代理、创业等

一院一公司
双创竞赛

创业专业实践基地（创业专业老师参与）
创业学院定向实践1-3个方向组，如电商/数字创意等定向项目/班级。

各专业（学生）与创业管理学院中小企业创业与经营专业
学分置换模式图

约90% 本专业实践/实习 → 就业
约10% 双创实践系统 → 创业

卓启投资创业学院 输出
创业通识（普及版）公共必修课 ← 输出 ← 创新创业教育中心
创业管理学院

双创教学系统 输出

各学院各专业学生
- 基础/博雅
- 专业核心课程（课时学分）
- 专业可交换课时学分

本专业课程系统 → **交 换**

↑设计方案　教务处　设计方案↑

跨专业创业训练系统

可视化翻转课堂

为什么要进行跨专业创业训练？

团队成员互补

- 专业专长
- 能力
- 经历 经验
- 项目定位技能
- 创业误区管理技能
- 产品开发管理技能
- 产品设计管理技能
- 获取用户管理技能
- 团队组建技能
- 股权设计技能
- 企业运营基础技能
- 用户体验管理技能
- 产品运营基础技能
- 生命周期运营基础技能
- 财务分析基础技能
- 店铺运营基础技能

技能训练

- 资源 行业
- 机会
- 模拟 真实

团队项目互补

团队

一个人包打天下的日子已经过去了。一个人可能会走得更快，但一群人可以走得更远。

跨专业创业训练项目分为模拟项目和真实项目。

模拟创业项目为体验式创业培训、创业方案撰写与指导。

真实创业项目分为自主创业、加盟创业。自主创业需要根据资金链、人员、场地、产品等情况进行系统化规划。

导师

创业导师指通过各种思路引导和多种渠道发现与探讨，帮助创业者进行实干型创业，或帮助大学生实现优先就业的引路人。

在跨专业创业训练的课堂现场，多个导师进入各个学生按项目组合的团队中，进行项目打磨、辅导和项目跟进。

项目

教材

在"教师、教材、教法"中，教材居中，起着支点作用。在创新创业跨专业训练当中，广东岭南职业技术学院中小企业创业与经营专业开发的系列情景式可视化创业教材能将创业理念转换为创业动作，能起到看得见、摸得着还数得清的效果。

广东岭南职业技术学院中小企业创业与经营专业

跨专业创业集训营成果

跨专业创业集训营实景照片

跨专业创业集训营成果构成

结果呈现　发现问题，以结果导向进行管理，优先分析业务性结果，聚焦业务呈现亮点。

过程呈现　没有过程很可能就看不到结果。过程展现细节，既有能力锻炼又有技能打磨。

未来呈现　如何通过职业生涯规划找到适合团队成员的定位，在训练中找到未来发展方向。

成果呈现　跨专业创业训练成果呈现包括创业计划书、项目路演、视频、音频、证书等。

后续呈现　跨专业创业训练后续呈现包括孵化园入驻、实习评估、毕业5年内自主创业等。

跨专业创业训练系统

可视化翻转课堂

跨专业创业集训营项目打磨主体构成

中小企业创业与经营专业创业教学实践基地项目实景

创意咖啡　好有茶趣 　我的书吧 　智能家居

项目基础评估	行业情况	市场容量	竞争状况	自身资源
项目运营过程分析	项目运营可行性	项目运营过程	经营日志（大事记）	
项目经营结果分析	投入产出	绩效考核	经营亮点	未来发展

广东岭南职业技术学院中小企业创业与经营专业
创新创业教学 & 训练成果交流与总结

从2015年9月至今，每学期来中小企业创业与经营专业教研室众创空间双创训练实践基地交流参观的国内高校和企业有十几批次，给印度尼西亚西普拉等国外大学进行过创新创业训练示范分享。

创新创业训练营结营典礼拍照留念背景墙

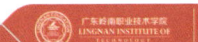

结营典礼

创业技能训练跨专业集训营 & "2+1"创业综合实操特训营

论文题目	论文作者	刊物名称 发表日期	国内刊号 国际刊号
情景式课堂教学的设计与实现	陈宏 张锦喜、刘隽	环球市场信息时报 2017.11	CN 11-3459/F ISSN 1005-4901
创业教学中递进式、无缝式课程设计与开发	陈宏	新智慧 2018.01	CN 42-1770/C ISSN 1674-3717
创新创业教学中核心知识教学的总结、提炼与应用	陈宏	西部论丛 2018.09	CN 62-1166/F ISSN 1671-6698
创业型大学新型教学理念的探索与实践	陈宏	现代职业教育 2018.10	CN 14-1381/D4 ISSN 2096-0603
"玩"转创新思维：游戏启迪式创业教学的探索与实践	陈宏	中外交流 2018.09	CN 50-1016/G0 ISSN 1671-6698
创新创业训练特色教材丛书的构建与实践	陈宏 刘隽、王有红	求知导刊 2018.09	CN 45-1393/N ISSN 2095-624X
创业教学中生动化课堂呈现模式探索与实践	陈宏、张艳荣	躬耕 2018.07	CN 41-1324/I ISSN 1671-1432
"ABCD"创新创业训练内容在创业教材中的设计与应用	陈宏	新一代 2018.05	CN 62-1003/G0 ISSN 1003-2851
任务导向与知识融合的创业教学工具书开发与应用	陈宏	新一代 2018.10	CN 62-1003/G0 ISSN 1003-2851
以学生为中心的高职院校校企合作双创训练机制研究	陈宏、刘隽	海外文摘 2019.12	CN 11-2398/Z ISSN 1003-2177
刍议教孵创投一体化模型在双创教育中的应用	刘隽、张锦喜	环球市场信息时报 2016.12	CN 11-3459/F ISSN 1005-4901
刍议原型启发式双创教育模式在高等教育中的应用	刘隽	教学考试 2017.04	CN 54-1058/G4 ISSN 2095-2627
双创教育中递进式，工具式教学模式探讨	刘隽、陈宏	西部论丛 2018.09	CN 62-1166/F ISSN 1671-6698
浅谈游戏法在高职院校创业综合管理课程教学中的应用	张艳荣	环渤海经济瞭望 2019.04	CN 12-1161/F ISSN 1004-9754
创新创业技能训练在跨专业课程教育中的运用	唐磊	创新创业理论研究与实践 2018.04	CN 23-1604/G4 ISSN 2096-5206

创新创意在跨专业创业训练中是非常重要的环节

在训练中，不得随意批评和打击创意人员，因为创意是需要灵感的，而灵感在宽松和无虑的状态下才最容易产生。一旦阻止多了，思路就会断开。害怕犯错，灵感就会收缩，长此以往就枯竭了。

此页的四幅画是陈宏老师的儿子浩浩在五岁半的时候完成的，你觉得哪幅画最有灵性，为什么？

请描述一个你自己或团队成员最有灵性的创意。

二、"2+1"创业特训营

创 "2+1" 创业特训营

可视化翻转课堂

关于广东岭南职业技术学院"2+1"创业特训营

宣讲+面试 → 互联网+以及各类创业比赛获奖团队或个人 | 真实项目创业者 | 金点子大赛获奖团队或个人

首席主训导师

【刘隽】广东岭南职业技术学院管理工程学院中小企业创业与经营专业管理学、创新创业专任教师，SYB创业培训讲师，研究生学历，心理学硕士。广州采纳企业管理顾问有限公司合伙人（一院一公司核心成员）。创新创业课程核心讲师，广东岭南职业技术学院创业特色课程主要开发者之一。曾任职于深圳外企咨询顾问公司，担任格力、华为、凌达等项目业务顾问。

主训导师

【张艳荣】广东岭南职业技术学院管理工程学院中小企业创业与经营专业专任教师，创新创业特训导师，211工程重点大学双学士。曾任全球前三大检测认证公司SGS市场部海外大客户经理，擅长客户关系管理以及初创企业经营管理的咨询与辅导。

"2+1"创业特训营

- 创业实训
- 项目打磨
- 项目孵化
- 毕业实习
- 学分置换

1年创业项目打磨

第3年通过学生报名学校筛选的方式

- 护理-健康管理学院
- 信息工程学院
- 药学院
- 财贸经济学院
- 外语外贸学院
- 管理工程学院
- 智能制造学院
- 星力量文化创意学院
- 建筑设计学院
- 公益慈善学院
- ……

2年专业课学习

广东岭南职业技术学院"2+1"创业特训营

创业与经营管理实训课程主体结构

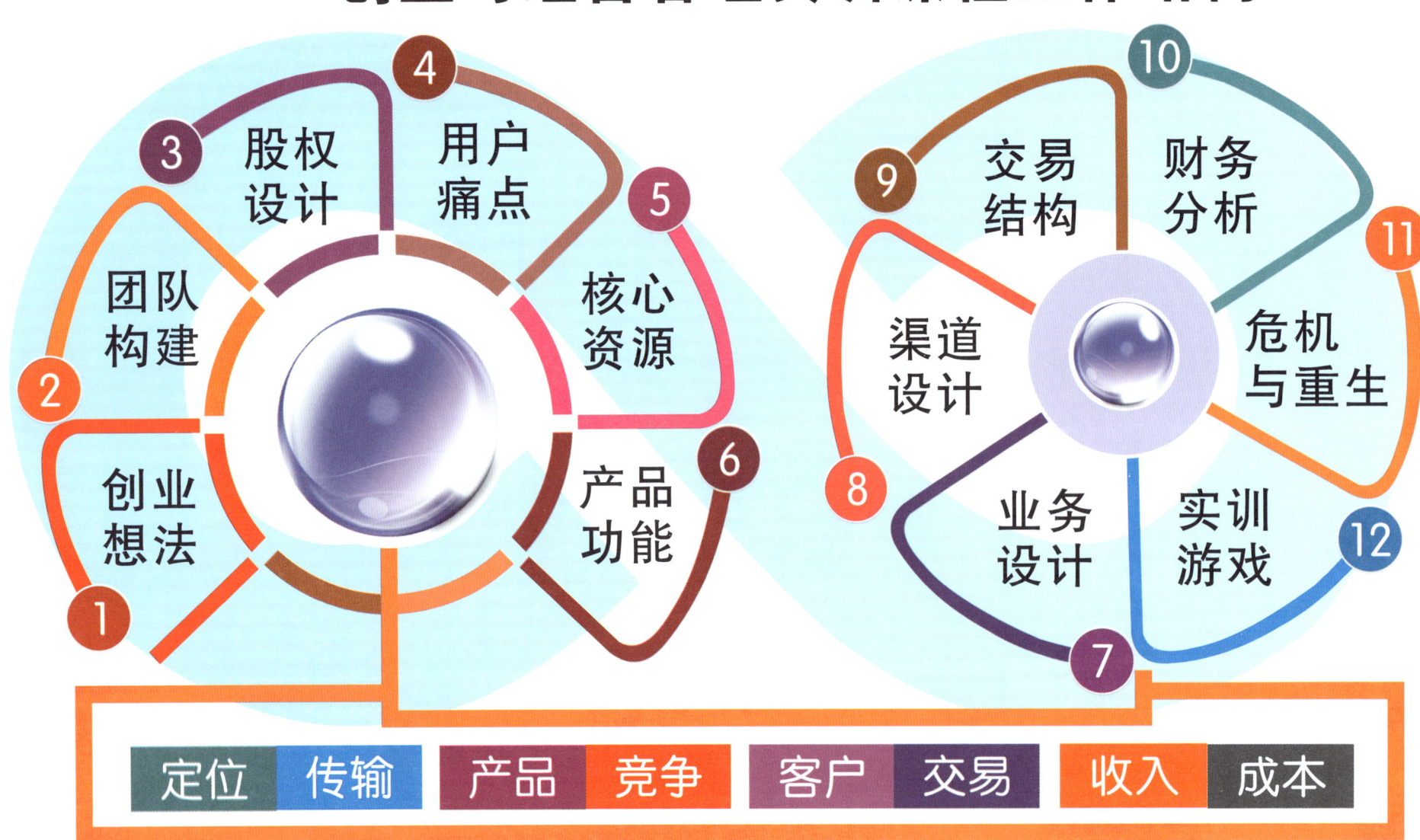

1. 创业想法
2. 团队构建
3. 股权设计
4. 用户痛点
5. 核心资源
6. 产品功能
7.
8. 渠道设计
9. 交易结构
10. 财务分析
11. 危机与重生
12. 实训游戏 / 业务设计

定位 | 传输 | 产品 | 竞争 | 客户 | 交易 | 收入 | 成本

"2+1" 创业特训营

· 可视化翻转课堂 ·

项目打磨举例：岭南手机贴膜工作室卖手机壳

任务一 用不同颜色的彩笔将①②③④连接起来，组成一句话：

我们项目是致力于通过_____，为_____，希望基于_____，帮他们解决_____。

途径/功能/产品　　谁/目标人群　　什么优势/创新　　什么问题

① 卖什么？
- 手机壳
- DIY手机壳

② 卖给谁？
- 老师
- 学生
……

③ 优势&创新
- 与VR技术结合
- 自主设计
- 专利设计
……

④ 解决的问题
- 耐用
……
- 散热
- 时尚
- 个性化

【温馨提示】
通过连线打磨可以发现：卖手机壳给目标人群能解决手机耐用和散热问题，但是在所基于的创新优势处却找不到如何做到耐用散热，需要再补充，比如采用某种质材。还可以发现该项目最大的创新"采用VR技术"没有用来解决目标人群的问题，需要再打磨……

任务二 将①②③④连线完成后，是否发现存在一些问题：（1）解决某些问题却没有对应的创新优势；（2）存在某些创新优势却没用来解决任何问题；（3）没有为用户解决任何问题。

广东岭南职业技术学院"2+1"创业特训营
创业与经营管理实训课程团队成员分工打磨

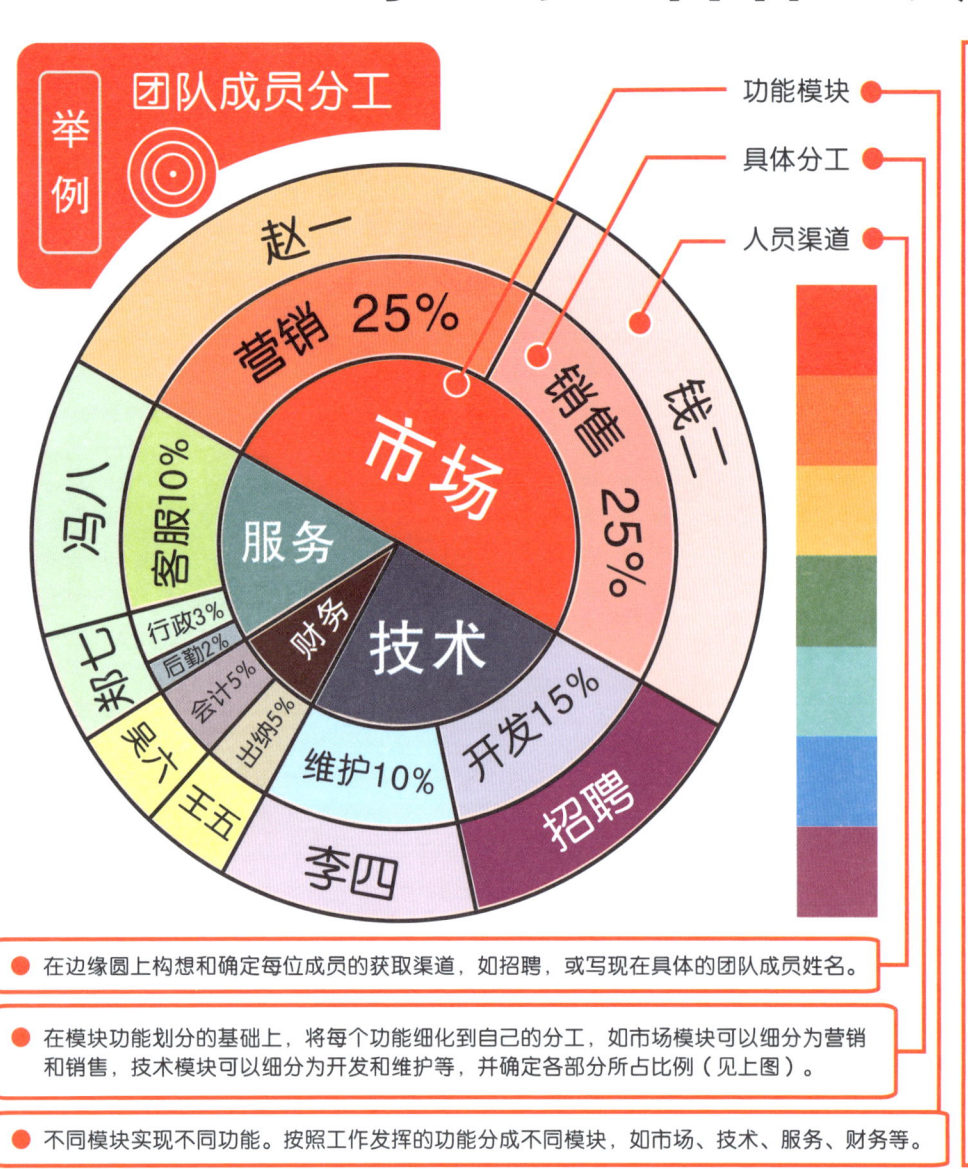

团队成员分工 举例

- 功能模块
- 具体分工
- 人员渠道

（示例图）
- 赵一 营销25% 市场
- 钱二 销售25%
- 冯八 客服10% 服务
- 郑七 行政3%、后勤2%
- 吴六 会计5%、出纳5% 财务
- 王五 维护10%
- 李四 开发15% 技术
- 招聘

- 在边缘圆上构想和确定每位成员的获取渠道，如招聘，或写现在具体的团队成员姓名。
- 在模块功能划分的基础上，将每个功能细化到自己的分工，如市场模块可以细分为营销和销售，技术模块可以细分为开发和维护等，并确定各部分所占比例（见上图）。
- 不同模块实现不同功能。按照工作发挥的功能分成不同模块，如市场、技术、服务、财务等。

分工设计

团队名称：

分工说明

"2+1" 创业特训营

可视化翻转课堂

如何寻找先驱用户？

欢迎加入"2+1"创业特训营
更多的内容请参加创业企业经营与管理课程

什么是先驱用户？在购买或使用产品前或接受服务前，存在着一群具备同样痛点的用户，他们对痛点的意识程度或是想要解决问题的迫切程度是有差别的，在下图五环圆中，具备最里圈特征的用户就是先驱用户。

存在问题者
最外圆的用户是存在问题者，但他们往往没有意识到存在的问题，或并不觉得是个问题。
- 存在哪些问题？

意识到自己的问题
虽然意识到自己存在的问题，但觉得能容忍，或不觉得有解决问题的必要。
- 为什么能容忍问题存在？

想要解决问题
想要解决问题，但因为种种原因没有得到解决。
- 为什么没有得到解决？

暂时解决问题
由于迟迟没有彻底解决问题的产品出现，或自己不具备购买彻底解决问题产品的能力，退而求其次选择一种暂时能解决问题的方案。

寻找先驱用户
具备一定购买能力并立足追求较完美解决方案的用户，往往最容易成为我们的先驱用户。
- 寻求完美解决方案并有足够的能力承担

先驱用户

广东岭南职业技术学院"2+1"创业特训营
创业与经营管理实训课程"建立核心竞争力"案例分析

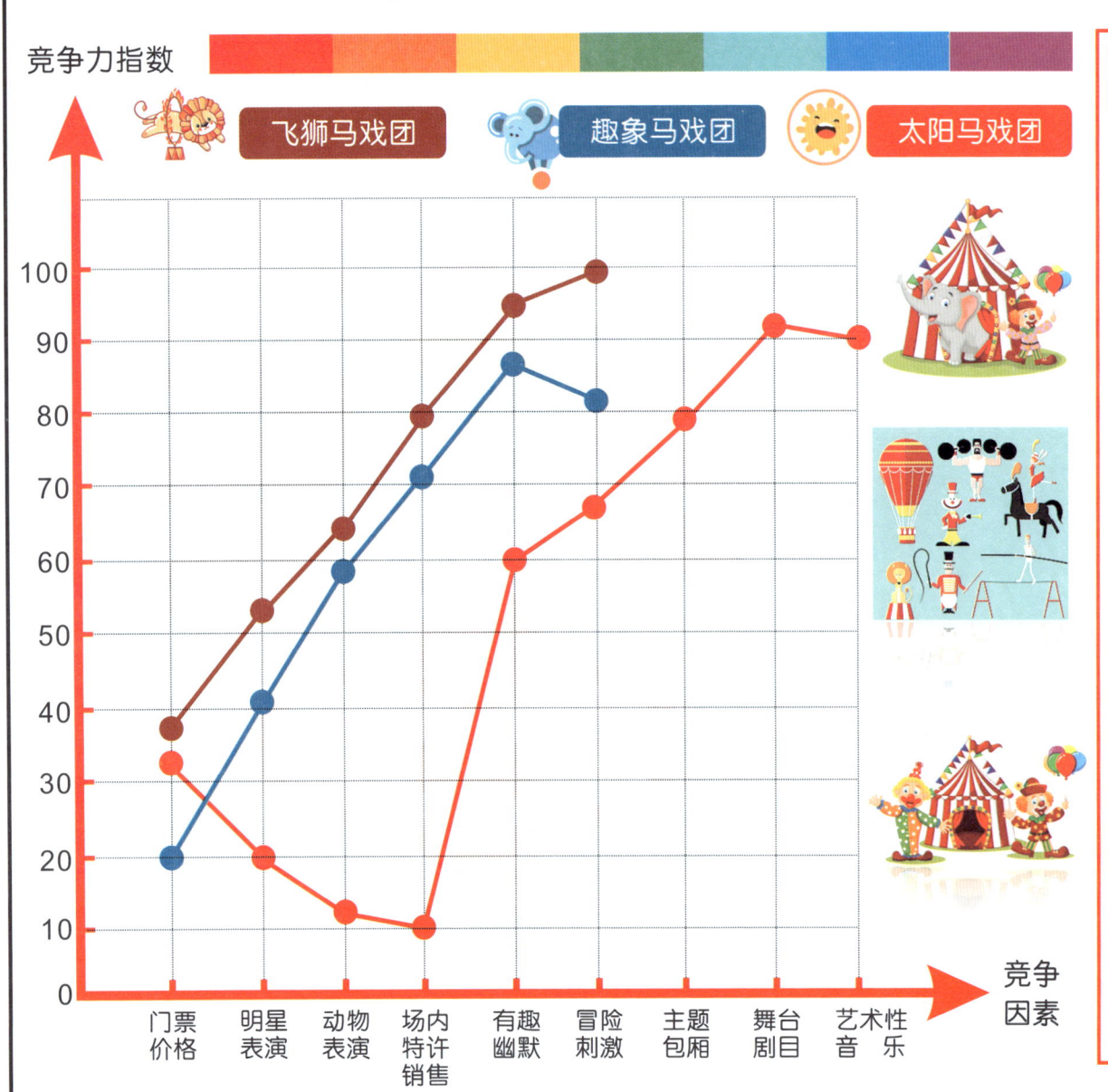

竞争力指数

飞狮马戏团　　趣象马戏团　　太阳马戏团

竞争因素：门票价格、明星表演、动物表演、场内特许销售、有趣幽默、冒险刺激、主题包厢、舞台剧目、艺术性音乐

案例分析思路

1. 进行背景分析
对项目所在领域及竞争对手当前所处的背景情况进行分析，比如：当前的市场环境，竞争对手的产品内容、优劣势、主要特色、目标用户等方面进行背景分析。

2. 提供解决方案
提供解决问题的方案，可以从以下几方面寻找：
A. 解决竞争对手没有解决或没有更好解决的痛点，通过不同的痛点获取不同方面的收益。
B. 采用不同的方法去解决同样的痛点，避免与竞争对手直接冲突。
C. 选择与竞争对手不同的客户群，开辟不同的市场。
D. 避开自己的弱区和竞争对手比较强的地方。
E. 开辟新的市场。

3. 确定竞争因素
竞争因素可以从前面的"背景分析、解决方案的内容去选取"，如产品内容、优劣势、解决方案、特色等。主要竞争因素来自解决方案。

4. 绘制多曲线图
以左图马戏团为例，可以明显看出"主题包厢""舞台剧目""艺术性音乐"是太阳马戏团的核心竞争力。

"2+1" 创业特训营

可视化翻转课堂

以用户需求为主体的产品功能设计

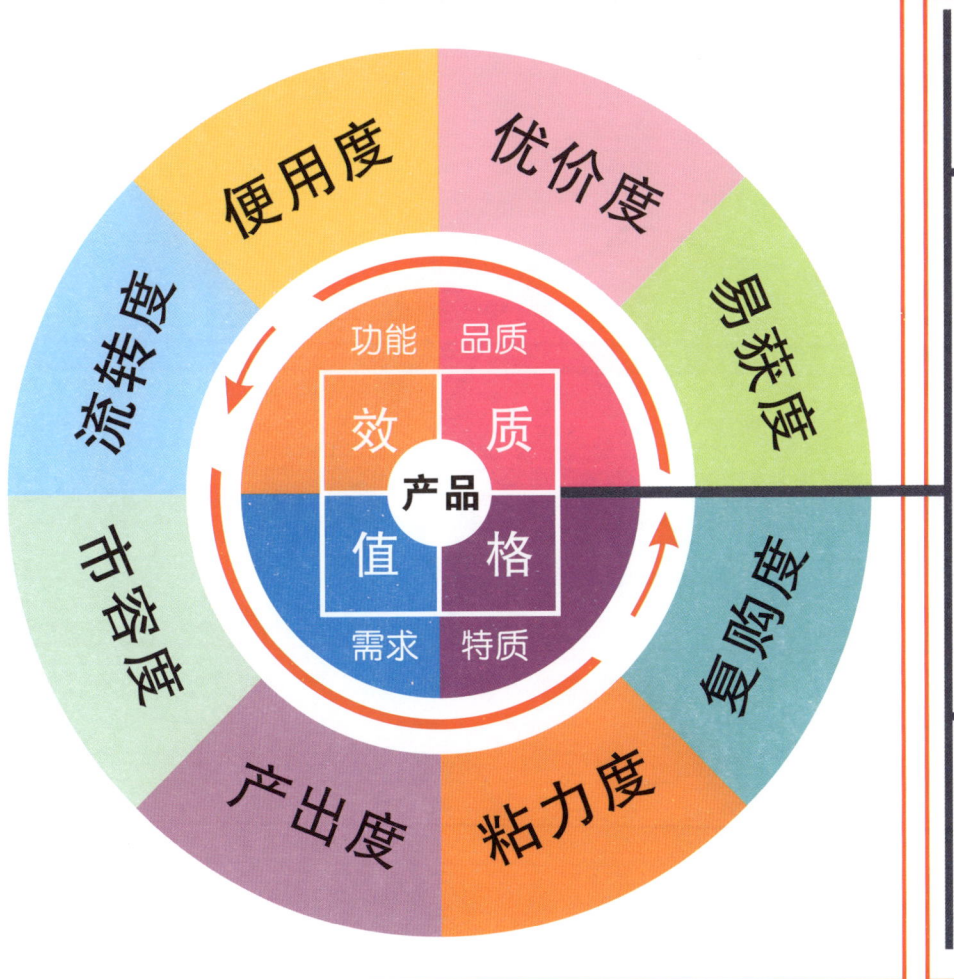

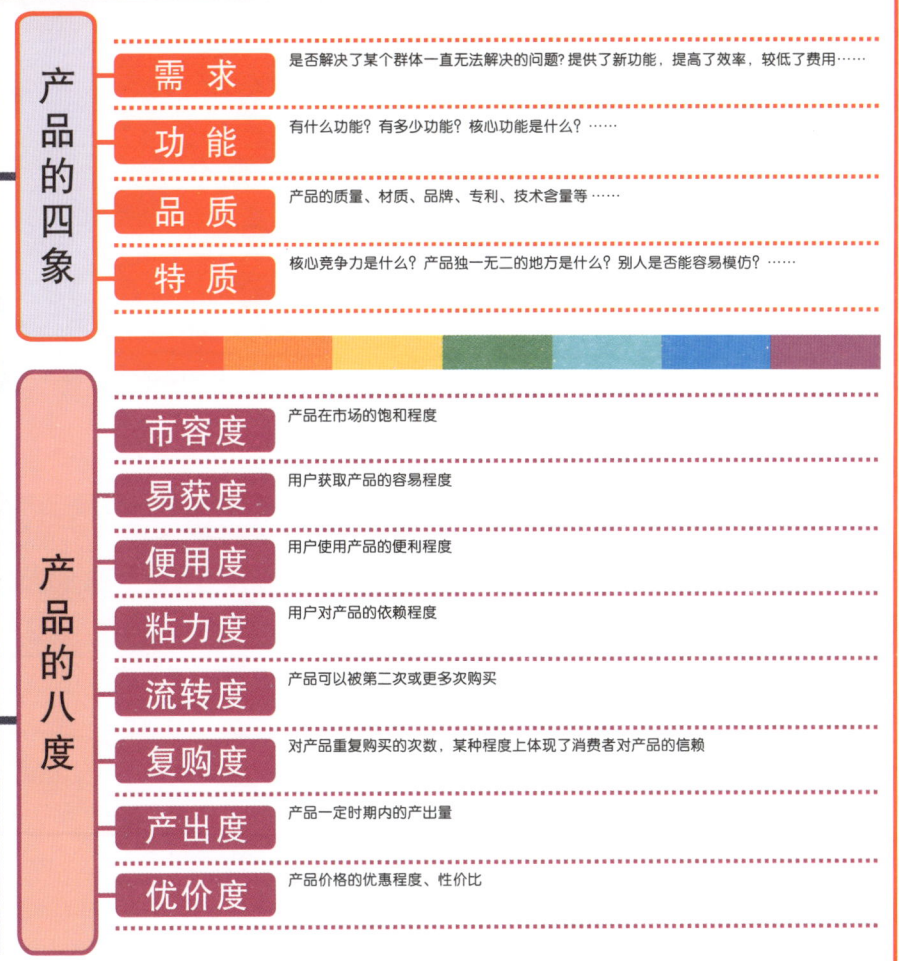

产品的四象

需求	是否解决了某个群体一直无法解决的问题？提供了新功能，提高了效率，较低了费用……
功能	有什么功能？有多少功能？核心功能是什么？……
品质	产品的质量、材质、品牌、专利、技术含量等……
特质	核心竞争力是什么？产品独一无二的地方是什么？别人是否能容易模仿？……

产品的八度

市容度	产品在市场的饱和程度
易获度	用户获取产品的容易程度
便用度	用户使用产品的便利程度
粘力度	用户对产品的依赖程度
流转度	产品可以被第二次或更多次购买
复购度	对产品重复购买的次数，某种程度上体现了消费者对产品的信赖
产出度	产品一定时期内的产出量
优价度	产品价格的优惠程度、性价比

产品：效、质、值、格（功能、品质、需求、特质）

便用度、优价度、易获度、复购度、粘力度、产出度、市容度、流转度

三、"5+3"创业团队综合营

创 "5+3" 创业团队综合营

可视化翻转课堂

广东岭南职业技术学院"5+3"创业团队综合营主体结构

以管理工程学院中小企业创业与经营等六个专业为例

- 以每个班级每个"5+3"团队为班
- 以每个班级所有"5+3"团队为排
- 以每个年级所有"5+3"团队为连
- 以每个二级学院所有"5+3"团队为营

"5+3"创业团队综合营

| 中小企业创业与经营专业 | 物流管理专业 | 酒店管理专业 |
| 工商管理专业 | 人力资源管理专业 | 市场营销专业 |

创业导师制

SCHOOL OF MANAGEMENT ENGINEERING
管理工程学院

5名学生一个团队（视情况可适度增加1-3名人数）

3类创业项目
- 专业
- 电商
- 公益

5 + 3

- 专业
- 企业
- 创业

配备3名导师

创业团队或企业5种岗位角色实现

■营销 ■研发 ■生产 ■人事 ■财务

以上5种角色可根据实际情况进行调整

第三年 实战 ← 第二年 实践 ← 第一年 体验 — 3个实践阶段

教练技术 在广东岭南职业技术学院中小企业创业与经营专业创业训练过程的应用

适用"5+3"团队训练

教练技术

教练技术（Coaching Technology）也称"企业教练"，是一门通过开发心智模式来发挥潜能、提升效率的一种管理技术。教练在有效聆听、观察基础上，运用独特的语言塑造的发问技巧，通过有方向性、有策略性的过程，帮助当事人清晰目标、激发潜能、发现可能性，找到适合的方法去解决问题，达成目标。教练技术既可用于团队训练，也可用于个人辅导。

- 在教师、教材、教法金三角结构中，教练技术属于教法。
- 四大教法为：提问式、体验式、讲授式和游戏式，其中提问式教学法属教练技术范畴。教练技术不需要教练掌握大量的知识和精湛的技能，只需掌握基本的提问方法便可施展。

我们是相互探讨知道的 ← 教 → 我知道了
团队　　　　　　　　　　　个人
我们要做，我们做到了 ← 练 → 我做到了

在运用教练技术的创业团队训练中，教练不是引导者和解答者，更不是灌输者和裁判者。教练是一个"无知者"，在把握方向的前提下把自己清零，通过提问激发团队成员"自醒、自觉"。团队成员自己发现问题，自己找到关键问题的解决方法并付诸实施，并在有结果的基础上不断总结、评估、改善，螺旋上升。

I don't know（我为团队一员）我不知道的

未知不是没有，而是还没有发现。团队的潜能是在探索解决问题方法的过程中逐步激发和显现出来的。团队潜能区也叫未知区，团队未知区越小，激发的团队潜能越大。

团队潜能区 待探索和激发

我的茫然区 产生各种负面能量

缺少发现的意识和眼光是产生迷茫的重要原因。没有解决问题的方法往往是因为没有发现问题的存在，或是发现的问题和我之间好像看不到任何关联，事不关己……

团队其他成员不知道的 **They don't know**

团队其他成员知道的 **They know**

统一认识区如果扩大到此区域，我的自大区就会缩小。我会越来越多地意识到自己的不足。

我的自大区 各种陷阱和诱惑 各种冲动和推责

统一认识区 解决问题的方法

一个团队执行力有强弱之分，团队执行力的强弱关键在于这个团队里有多少人达成了共识。

团队存在的前提条件是每个人都有不足。人只有知道了自己的不足，才会寻求和扩大合作。

我知道的（我为团队一员）**I know**

随着此区域的扩大，团队集聚的知识和智慧越来越大，解决问题的方法和手段也越来越多。

中小企业创业与经营专业创业训练 教练技术在团队中应用模型
（本应用模型图为陈宏老师优化并绘制）

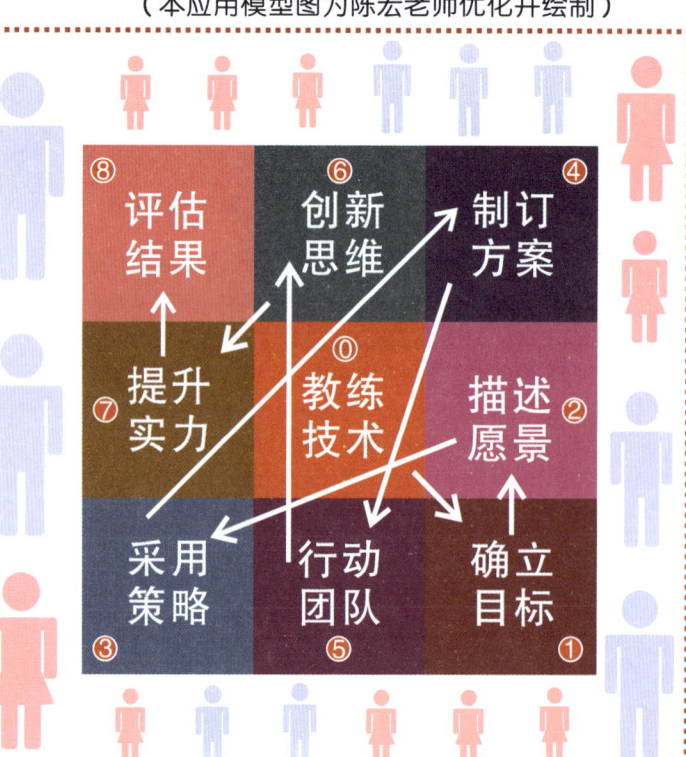

⑧ 评估结果	⑥ 创新思维	④ 制订方案
⑦ 提升实力	⓪ 教练技术	② 描述愿景
③ 采用策略	⑤ 行动团队	① 确立目标

"5+3" 创业团队综合营

教练技术之如何提问？

可视化翻转课堂

● 教练提问的目的不在于听到答案，而在于回答者从这些线索中能发现真正的问题所在，自己找到解决问题的思路和方法，自我调整好方向和状态。

提问场景 目标	提问场景 预测	提问场景 举例	提问场景 探索	提问场景 筹划	提问场景 途径
1 哪些方面迷惑不解？	1 可能会发生什么？	1 能举个例子吗？	1 可以继续研究下去吗？	1 这事打算怎么办？	1 事情怎样才能得到解决？
2 能否再多说点？	2 不如预期怎么办？	2 说说，如何？	2 如何就此想法集思广益？	2 计划是什么？	2 会产生什么影响？
3 这究竟是什么意思？	3 没有效果怎么办？	3 像什么？	3 还能想到哪些？	3 计划需要做哪些调整？	3 会导致什么？
4 感觉像什么？	4 失败了怎么办？	4 比如？	4 另一个可能性是什么？	4 你认为如何改善此局面？	4 成功的可能性如何？
5 你确定想要什么？	5 还有哪些可能？	5 看上去是怎样的？	5 还有哪些方法可以尝试？	5 现在要做什么？	5 怎么判断？

提问场景 价值	提问场景 指导	提问场景 资源	提问场景 障碍	提问场景 行动	提问场景 情况
1 能产生哪些价值？	1 上次沟通后发生了什么？	1 需哪些资源帮助做决定？	1 似乎有麻烦，是什么？	1 已采取了哪些行动？	1 能说详细些吗？
2 有什么幽默之处？	2 有什么最新进展？	2 现在对资源有哪些了解？	2 目前主要障碍是什么？	2 将做什么？何时做？	2 有更多这方面的情况吗？
3 如何使过程充满乐趣？	3 哪些方面还要改进？	3 能整合哪些资源？	3 到底是什么在阻碍？	3 有哪些后续行动？	3 除了这些还有什么？
4 价值传递到哪里？	4 还要说些什么吗？	4 目前了解了哪些情况？	4 最需要关注的是什么？	4 下一步是什么？何时做？	4 有补充的情况吗？
5 能变成什么样？	5 这样做会带来什么？	5 还能获得哪些资源？	5 突破障碍后想要什么？	5 行动第一小步是什么？	5 还有什么其他想法？

提问场景 学习	提问场景 比较	提问场景 选择	提问场景 取舍	提问场景 体验	提问场景 反思
1 学到了什么？	1 换成你会怎么样？	1 有哪些可能性？	1 你会从中拿走什么？	1 这是由什么引起的？	1 对此结果有什么要说的？
2 学习之后要做什么？	2 此事还有哪些处理方法？	2 如果自由选择，如何做？	2 你会从中留下什么？	2 是什么导致的？	2 如果不做会怎样？
3 哪些地方在变好？	3 如果再做一遍会怎样？	3 还可能有哪些解决方法？	3 如何解释这种情况？	3 之前做过哪些尝试？	3 这与目的有何关联？
4 哪些地方仍不尽人意？	4 做过哪些尝试？有何不同？	4 做会怎样？不做会怎样？	4 有哪些经验教训？	4 还记得是怎么发生的吗？	4 五年后会如何？
5 需要对什么说"不"？	5 是什么使它如此可怕？	5 还有哪些选择？	5 如何做到良性循环？	5 从中得到了什么？	5 还有哪些地方可以改进？

提问场景 感觉	提问场景 实施	提问场景 结果	提问场景 总结	提问场景 评价	提问场景 评估
1 实现了会怎么样？	1 实施方案是什么？	1 渴望得到什么样的结果？	1 结论是什么？	1 在哪些方面有哪些说法？	1 从中得到了什么？
2 产生了哪些满足？	2 完成此工作必须做什么？	2 如能得到，想拥有什么？	2 是如何起作用的？	2 从哪些角度？	2 应该是怎样的？
3 造成了哪些失落？	3 完成需要什么支持？	3 有哪些失落和意外收获？	3 所有这些意味着什么？	3 如何看待这些？	3 不应该是怎样的？
4 如果机会重来会如何？	4 何时做？如何做？	4 怎样才能确认得到了？	4 拼尽全力做了哪些？	4 自己如何评价？	4 为什么说好？实情是？
5 从来一次会怎么做？	5 如何保证有效实施方案？	5 那会是怎样的情景？	5 这些导致了哪些结果？	5 存在着哪些偏差？	5 如果没达到预期怎么办？

广东岭南职业技术学院在开展"粤菜师傅创业培训"中锻炼和培养"5+3"师资队伍

适用"5+3"师资训练

广州粤菜师傅创业培训指定教材

《粤菜创业10步法》由广州市职业能力培训指导中心组织，广东岭南职业技术学院中小企业创业与经营专业负责编写，并由南京大学出版社于2020年2月出版发行。

粤菜师傅创业培训材料及道具

粤菜师傅创业培训材料包括《粤菜师傅创业培训课程教学大纲》《教学计划》《授课PPT》《粤菜创业10步法》教材及大挂纸、彩纸、相关文具、相关教具、桌面立牌、互动道具包等。

粤菜师傅创业培训课程现场照片

以下为在广州市职业能力培训指导中心举办的首期粤菜师傅创业培训班现场，广东岭南职业技术学院首席创业导师陈宏担任主训老师。

培训教材主要内容

第一阶段：粤菜创业预测与准备

章节	内容	页码
粤菜创业预测与准备阶段思维导图		【03】
粤菜创业第一步	创业基因与餐饮创业倾向测评	【04】
粤菜创业第二步	创业项目定位与投资规划	【16】
粤菜创业第三步	商圈调查与门店选址	【30】
粤菜创业第四步	门店获取途径与门店装修	【42】
粤菜创业第五步	菜品设计与菜单制作	【54】

第二阶段：粤菜创业实战与演练

章节	内容	页码
粤菜创业实战与演练阶段思维导图		【67】
粤菜创业第六步	餐饮采购与实施要点	【68】
粤菜创业第七步	财务预测与风险分析	【78】
粤菜创业第八步	餐饮招聘岗位与店员辅导要点	【90】
粤菜创业第九步	开业前准备、试营业与正式营业	【100】
粤菜创业第十步	餐饮日常经营管理要点与管理循环	【112】

"5+3" 创业团队综合营

可视化翻转课堂

广东岭南职业技术学院"5+3"创业团队综合营
学生创新创业实践成果形成路径汇集图

研发路径
- 学生科研校级立项并结题
- 参与教师科研项目并结题
- 参与企业研发项目并结题

作品路径
- 学生作品或论文在校级刊物发表
- 学生作品或论文在校外刊登
- 个人或团队获专利证书

企业经历
- 参与企业项目业绩突出
- 获取含金量高技术证书

竞赛路径
- 校内金点子大赛
- 校外创新创业比赛
- 校外科创类专业技能大赛
- 互联网+大赛

实践路径
- 参与专业、电商、公益等双创项目的实施方案获得学校立项
- 参与专业、电商、公益等双创项目并获得明显效益或成效

创业路径
- 在读期间自主创业或为创始团队核心成员
- 进驻校以上（含校）孵化器并有一年以上时间

孵

一、岭南大学生创业孵化园

岭南大学生创业孵化园

可视化翻转课堂

创业项目孵化与管理的主要功能

孵化器
为创业之初的公司提供办公场地、设备、咨询以及资金引进的企业或商业机构。

孵化园
为入驻的初创小微企业和个体创业者提供基本的生产经营场地以及有效的创业指导服务和一定期限的政策扶持，具有持续滚动孵化和培育创业主体功能的各类创业载体。创建孵化园的主体通常是政府和高校，也可以与企业或商业机构合作进行建设。

孵化基地
孵化基地是为创业者搭建的制度性、智能化的服务平台，其创业主体通常是政府，或与高校合作。

创业项目孵化与管理

孵化管理系统：管理模式、管理团队、管理项目、管理品牌

孵化器、孵化园、孵化基地：管理升级、品牌升级、系统升级……

要素构成
- 课程实践
- 学生实习
- 办公场地支持
- 创业政策咨询
- 学生服务补贴
- 创业贷款咨询
- 创业补贴
- 项目申报
- 创业相关法律咨询
- 创业专题分享
- 财务代做账
- 媒体宣传
- 视频拍摄
- 广告制作
- 线上推广平台
- ……

提高创业活力和成功率，提创业成功率

＋

降低创业的风险和创业成本

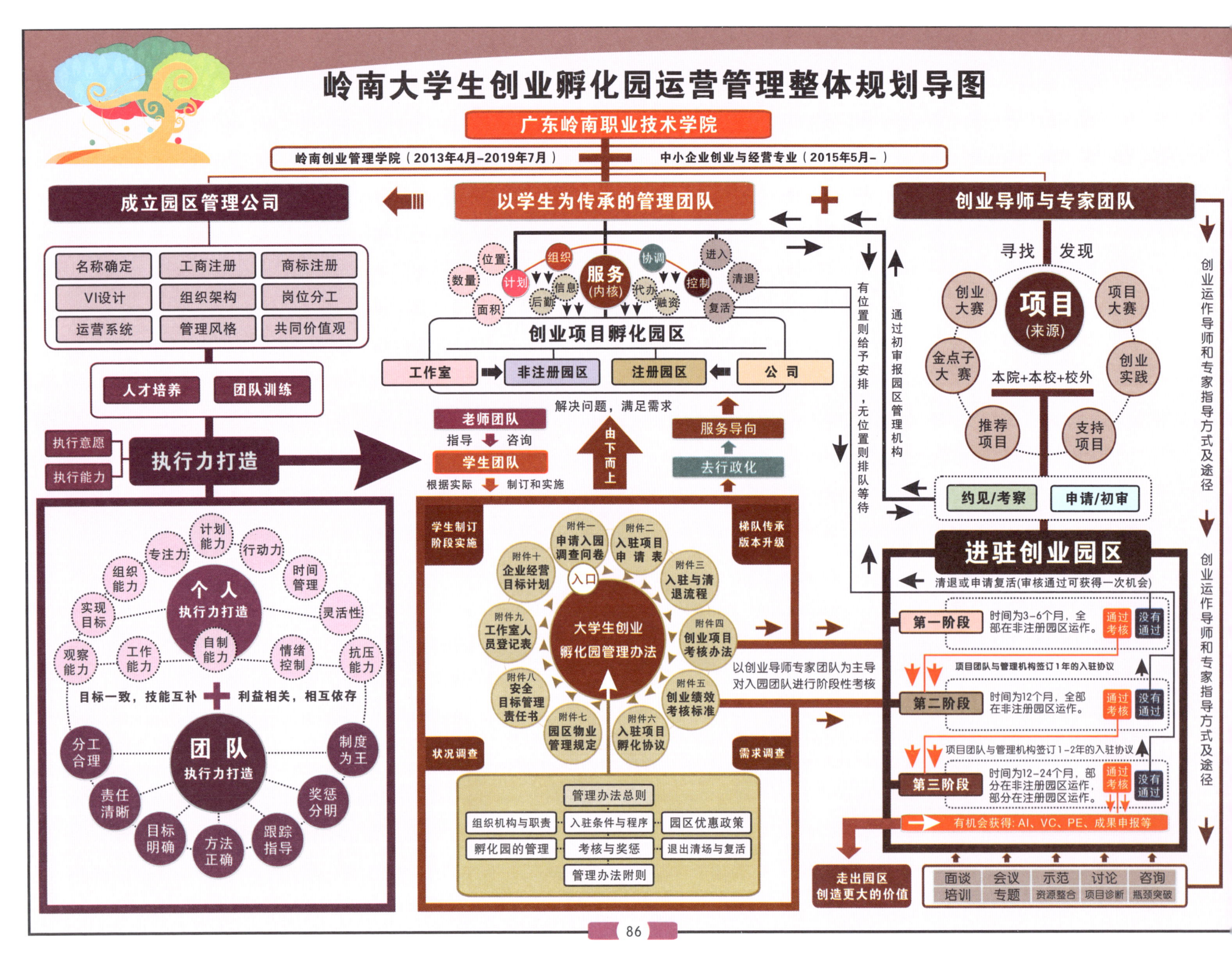

岭南大学生创业孵化园运营管理整体规划导图

岭南大学生创业孵化园

可视化翻转课堂

你为梦想，我们为你

你认为大学生创业孵化园应采用学生自我换届管理还是公司制管理？

也可采用你认为适合的管理模式，请画出相对应的大学生创业孵化园管理流程图。

从扶持角度　　从发展角度

广东岭南职业技术学院
岭南大学生创业孵化园项目介绍

2013年11月广东岭南职业技术学院创业管理学院建百日成金特训营的时候，汇聚了实战经验很强的连锁教练团队和电商教练团队，针对性地训练创业团队。自2013年9月开始滚动式开发创新创业系列特色课程以来，培养了几十个有创业潜力的种子团队，卓有成效。在短短的几年时间里，无论是老师项目还是当时的学生项目，70%以上都落地成活，有的实现了业绩的几何级增长。从2014年广东岭南职业技术学院创业管理学院创建孵化园开始，集中训练有项目的创业团队或已进入孵化园的公司及团队，多个项目获得几十万以上天使投资，多个项目年营收百万元以上。参加入园路演、曾经进驻、已经孵化和正在孵化的项目有：

珍眼夫	肥圆圆	茁曦调研	捧英挺才
星骐动漫	卖啊蜜	升谷手表	食呈到
七羽游戏	摄氏度	明日家居	私厨沙拉
岭南飞毛腿	火鸡生活	猛兽漫画	RJ视觉传播
J&D摄影	V旅游	微饰	海蝶振翅
星际科技	优美电子	微淘联盟	更多……

岭南大学生创业孵化园

岭南大学生创业孵化园项目的 **梦想与责任**

入园《梦想说明书》主体结构

责任与梦想

责任能承载

梦想能负重飞翔

欲戴皇冠者

必先承其重

广东岭南职业技术学院
岭南大学生创业孵化园管理办法介绍

岭南大学生创业孵化园管理办法主体结构

- 第一章 总则
- 第二章 组织机构及职责
- 第三章 创业企业的入驻条件和程序
- 第四章 岭南大学生创业孵化园优惠政策
- 第五章 岭南大学生创业孵化园管理条款
- 第六章 创业企业的考核与奖惩
- 第七章 创业企业的退出
- 第八章 附则

- 附件一 《岭南大学生创业孵化园入园调查问卷》
- 附件二 《岭南大学生创业孵化园入园申请表》
- 附件三 《岭南大学生创业孵化园创业项目考核办法》
- 附件四 《岭南大学生创业孵化园创业绩效考核标准》
- 附件五 《岭南大学生创业孵化园企业入驻孵化协议》
- 附件六 《岭南大学生创业孵化园物业管理规定》
- 附件七 《岭南大学生创业孵化园安全管理责任书》
- 附件八 《岭南大学生创业孵化园工作室人员登记表》
- 附件九 《岭南大学生创业孵化园企业经营目标计划》
- 附件十 《岭南大学生创业孵化园入驻和退出流程》

第五章 岭南大学生创业孵化园管理条款（节选）

第十一条 大学生创业孵化园对申请入驻的创业团队和创业企业一律实行合同制方式进行管理。创业团队和企业负责人在接到入驻批准通知后的五个工作日内，必须与管委会办公室签署入驻孵化协议，根据入驻申请和孵化协议规定的经营范围开展创业相关活动。

第十二条 见习创业企业的预孵化期为六个月（每三个月考核一次，决定继续预孵化或退出，按一定比例更新入驻项目），独立法人创业企业创业孵化期一般为两年（每年考核一次，决定继续创业孵化或退出，按一定比例更新入驻项目）。

第十三条 入驻企业须遵守以下规定：

1. 创业企业应在协议指定区域内经营，不得私自占用公共区域，严禁将孵化园场地转让或转租给他人使用。
2. 创业企业不得擅自对园区既定的格局和装修等进行改造，如确需业务需要增加装饰项目，装修方案需经管委会办公室批准方可施工。
3. 创业企业的整体设计要规范化和个性化相结合，美观大方，门牌统一规格。
4. 创业企业在园内举行大型活动，需提前三天到管委会办公室报批；如有校外人员参加，需提前一周进行报批。
5. 创业实施过程中，涉及改变预定项目内容、中止计划实施、提前或延迟等，创业公司负责人须提前15天向管委会办公室提出申请，未经批准，不得变更。
6. 各创业项目在大学生创业孵化园的统一管理与指导下，实行自主经营、独立核算、自负盈亏，每月底需向管委会办公室上报财务状况和经营状况等，支持管委会办公室完成相关的统计工作。
7. 遵守国家的有关法律、法规，遵守广东岭南职业技术学院校纪校规，合法经营、诚信经营。
8. 积极支持、协助和配合管委会办公室开展各项工作。
9. 遵守大学生创业孵化园的各项规章制度和孵化协议，对不服从或违反管理规定的创业企业，管委会办公室有权中止孵化协议、收回场地，必要时追究违约责任。

岭南大学生创业孵化园

可视化翻转课堂

大学生孵化园申请入驻流程

1. 学院/系/部 — 创业团队提出入园申请并填写《大学生创业孵化园入园申请表》
2. 学院推荐（FAIL）
3. 向大学创业孵化园管理机构提交《梦想说明》及《创业计划书》
4. 专家评审（PASS / 不接受入园 FAIL）
5. 签订《创业孵化园入驻孵化协议》
6. 入驻孵化 — 对入驻的创业团队进行后续指导、跟进和考核

孵化园创业团队退出流程

- 提出退出申请
- ↓↓↓
- 接到退出通知
- ↓↓↓
- 清点团队物品
- ↓↓↓
- 结算水电费用
- ↓↓↓
- 申请场地、设备核验
- ↓↓↓
- 归还场地、设备
- ↓↓↓
- 退出

你的建议与设想

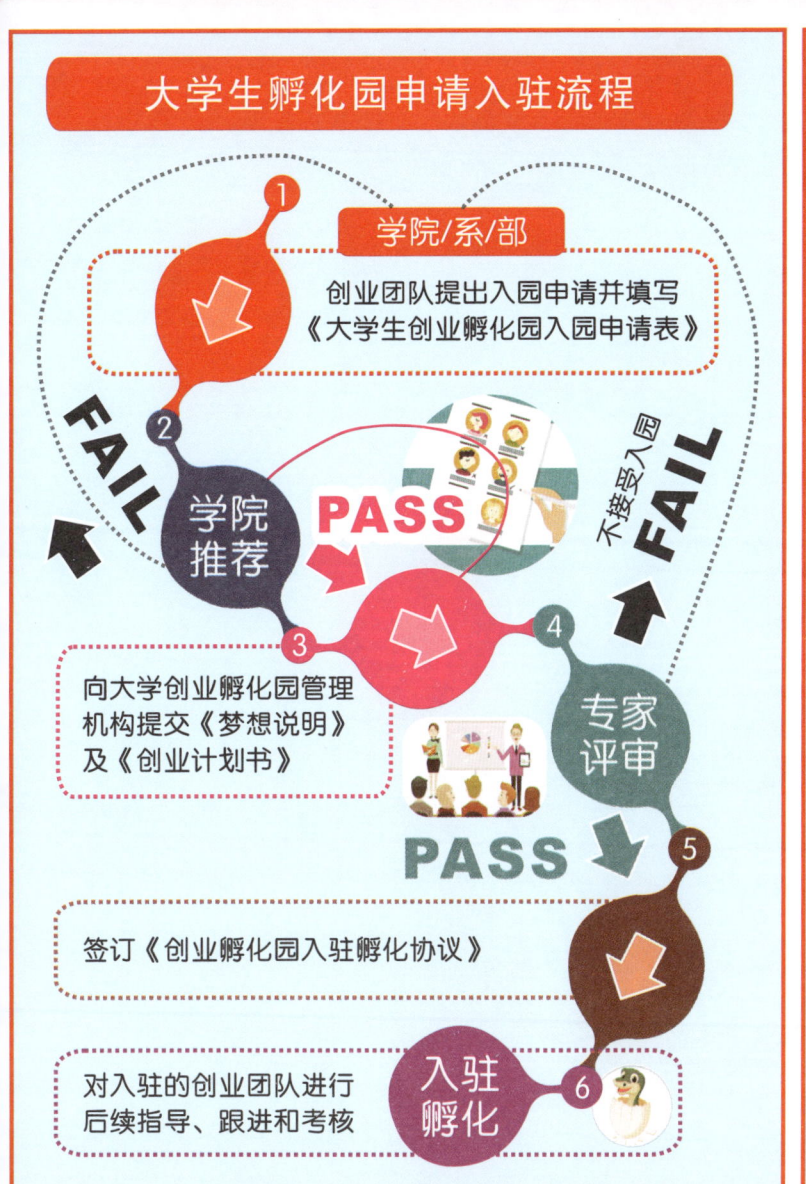

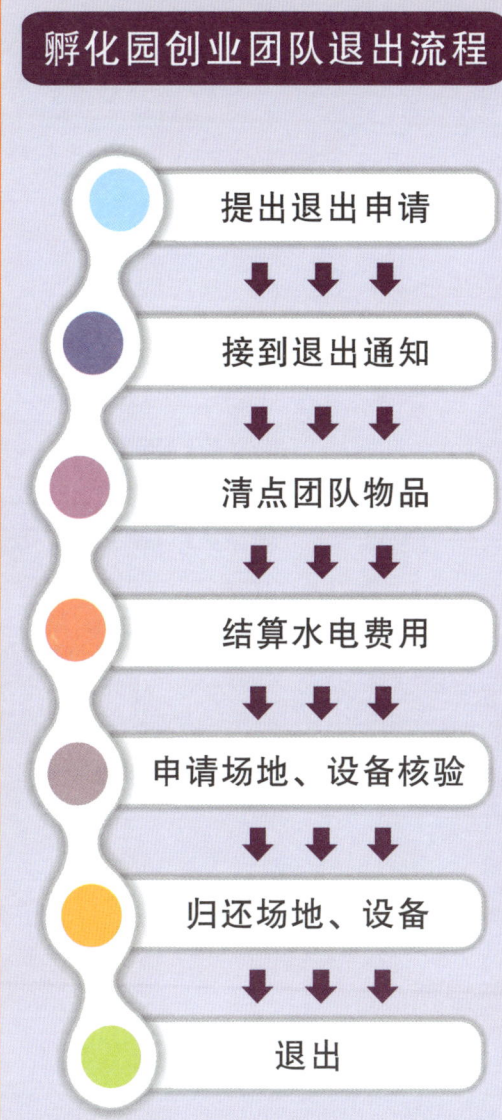

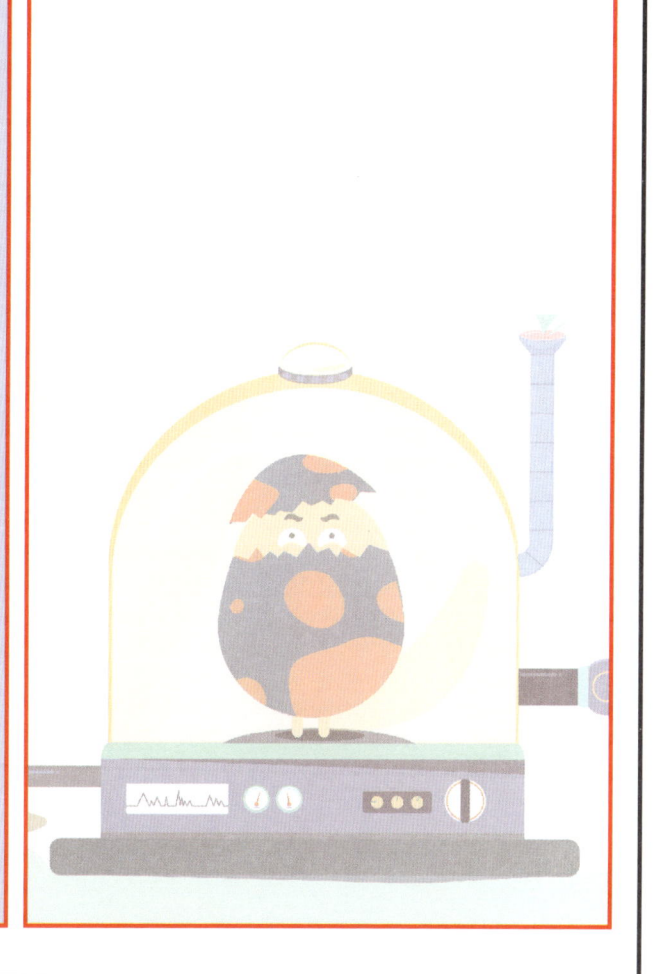

二、一院一公司助力创业孵化

一院一公司助力创业孵化

可视化翻转课堂

从广州采纳到一院一公司

欢迎浏览广州采纳网站 http://www.gdliansuo.com

广州采纳企业管理顾问有限公司成立于2005年6月，是一家集策划、设计、推广执行三位一体的专业管理顾问公司，专业策划、咨询的项目涉及通信、IT、照明、电器、珠宝、饰品、保健食品、休闲食品、OTC药品、化妆品、日化产品、美容美发、硅橡胶、视力保健、调味料、食用油、建材、房地产、旅游等领域，以一流的专业水准服务过中国联通、中国移动、生辉照明、中国飞跃、DTS等国内、国际著名企业和知名品牌。

广州采纳企业管理顾问有限公司特别擅长服务连锁企业，致力为连锁企业设计符合行业特色的企业和门店视觉形象系统，量身定制客观的评估系统、稳定通畅的供应链系统、专业的标准化系统、高效的招商系统等发展连锁必备的五大系统，让连锁企业能在短期内迅速规范和复制，让企业更理性、更健康地长久发展。

广州采纳创始人之一的陈宏老师2013年9月接受岭南创业管理学院（2013.04-2019.07月广东岭南职业技术学院与广东卓启投资有限公司双主体办学）张锦喜院长邀请，加入岭南创业管理学院成为首席创业导师，并响应广东岭南职业技术学院一院一公司的号召，广州采纳成为岭南创业特训营和大学生创业项目的专业指导公司。

以下展示的35款LOGO为陈宏老师设计

广东岭南职业技术学院中小企业创业与经营专业

一院一公司助力大学生创业孵化园项目服务索引

连锁系列咨询服务
- 视觉系统
- 招商系统
- 标准化系统
- 供应链系统
- 评估系统

企业系统与运营
- 组织架构与职能设计
- 招商部管理流程规范
- 督导部管理流程规范
- 运营部管理流程规范
- 跨部门流程优化设计

企业与创业系列培训类
- 创业培训系列课程
- 连锁培训系列课程
- 人力资源系列课程
- 职业能力提升课程
- 量身定制系列课程

- 企业内部调查
- 市场调查分析
- 目标市场选择
- 企业品牌定位
- 产品设计与文案
- 产品与市场管理
- 企业系列制度

岭南大学生创业孵化园

可视化翻转课堂

广东岭南职业技术学院中小企业创业与经营专业

校企合作主体结构

- 学生创业项目输出
- 学生就业输出
- 学生实习对接
- 学生循环式门店实训
- 孵化项目横向合作
- 项目专才输出（电商+实体）

孵

三、创业项目孵化案例

创业项目孵化案例

珍眼夫创业项目

珍眼夫 ZHENYANFU

珍眼夫项目创始于2014年9月，项目负责人林燕涛；项目指导老师兰小群、黄立君。广东卓启投资有限公司为珍眼夫项目天使投资人，岭南创业管理学院创业导师团队进行实战辅导。本项目2018年8月获得第四届中国"互联网+"大学生创新创业大赛广东省银奖（就业型创业组）。

项目名称	"珍眼夫"数据化保健护理产品与平台
项目定位	基于中药理疗眼脸一体罩专利技术的眼贴护理专家
公司/团队	广州轴心科技生物科技有限公司（珍眼夫团队）
核心能力	实用新型专利 √　　外观专利 √ 自有App开发 √　　自主研发技术 √
注册资金	壹拾壹万陆仟贰佰捌拾元整
公司性质	有限责任公司

广东岭南职业技术学院大学生创业孵化园

创业孵化案例 – 珍眼夫

珍眼夫 ZHENYANFU

珍眼夫项目从专利注册，获得第一轮广东蚁米创投基金融资，第二轮获社会人士投资，产品打造到市场运营历时3年，合计资金投入50万余元人民币。从第一代产品中药香薰眼罩到第二代中药热敷眼罩，通过提供成本价产品的推广方式，得到产品体验反馈数据累计2000余人，其中第二代产品中药热敷眼罩2017年6-7月累计销量12000余片。项目在2017年7月实现盈利。

项目研发合作方：广东岭南职业技术学院医药健康学院在产品研发上提供了多间技术先进、设备齐全的药物检验、药物制剂等实验室。产品中药配方研发团队由该学院多名具有医药资历背景的科研人员组成，其中医药学副教授3人，硕士4人。项目经销渠道合作商家：保健商家扶元堂，形美亚，固生堂等门店共计32家；旅游公司深圳新景界，广州大粤，深圳特色旅游，广东国旅等合作门店共计41家，项目市场运营2年的时间，发展代理数量150余人，产品经销商包括广州、成都、深圳、佛山、长沙、汕尾、厦门、河源、茂名等城市和区域。

- 珍眼夫第一代产品：重要香薰睡眠眼罩
- 珍眼夫第二代产品：重要热敷功能眼罩
- **珍眼夫第三代产品：健康智能保健功能眼罩**

图示：清热明目、去黑眼圈、决明子、差旅装备、午休装备、护眼装备

成分：柠檬、白杭菊、薰衣草、绿茶、茉莉花

创业项目孵化案例

可视化翻转课堂

珍眼夫 ZHENYANFU

运营模式

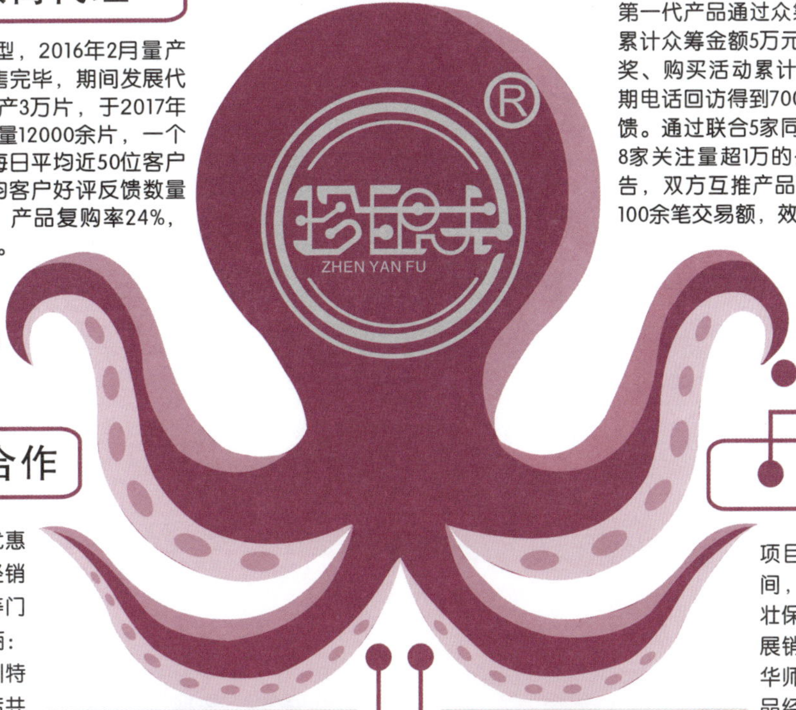

发展微商代理

第一代产品于2015年10月定型，2016年2月量产3000套，截至2017年02月销售完毕，期间发展代理人数113人。第二代产品量产3万片，于2017年6月16日上市销售，月累计销量12000余片，一个月发展新微信代理30余人。每日平均近50位客户对第二代产品进行购买，日均客户好评反馈数量达35人，发展代理概率26%，产品复购率24%，复购日期平均7-8天一个周期。

互联网营销

第一代产品通过众筹网开展2次产品众筹，累计众筹金额5万元，全国各地直接参与抽奖、购买活动累计1300余人次，并通过后期电话回访得到700余条关于产品的使用反馈。通过联合5家同行业睡眠产品的企业和8家关注量超1万的公众平台投放联合性广告，双方互推产品和招商信息，直接产生100余笔交易额，效益反响较佳。

经销商渠道合作

产品上市初期，珍眼夫以较优惠的价格进入中医保健商家，经销商扶元堂，形美亚，固生堂等门店共计32家；旅游公司经销商：深圳新景界，广州大粤，深圳特色旅游，广东国旅等合作门店共计41家，每日均出货量近300片，月销量达10万余片。

展会直销

项目启动市场运营2年的时间，通过参加7次展会（大壮保健品展销会、香雪企业展销会，2017琶洲创交会，华师交流会等），合作的产品经销商覆盖广州、成都、深圳、佛山、长沙、汕尾、厦门、河源、茂名等城市。

广东岭南职业技术学院大学生创业孵化园

创业孵化案例

珍眼夫创始人持续创业项目

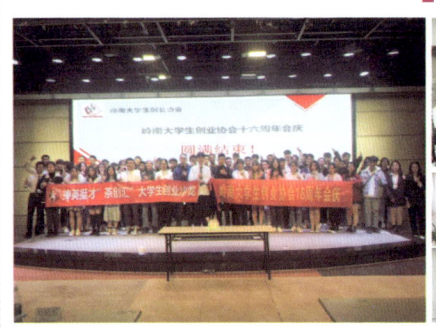

捧英挺才
www.pytc.top

运营模式

校企合作 + 创客空间 + 大学生创业服务站

● 捧英挺才项目创建于2017年12月，主要创始人林燕涛。

项目定位

捧英挺才面向整个广州市高校做大学生创业项目引进，为广州大学生科技型企业输送人才，并为小微型大学生科技型项目提供孵化服务。

核心目标 实现大学生创业者、中小企业、社会精英、高校的资源整合

核心服务人群 大学生创业者

核心理念 携手、联动、共享、共赢

核心价值 面向大学生创业者提供才智、资金与人脉的资源整合平台

运营主体 广州聚心信息科技有限公司

创业项目孵化案例

可视化翻转课堂

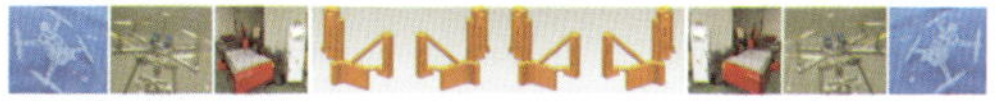

捧英挺才 www.pytc.top

做大学生创业成长的加速器

捧英挺才孵化案例分享（一）

广州荐鑫信息科技有限公司

1. 项目对接时间：2019年09月
2. 项目入驻时间：2019年10月
3. 转化为企业的时间：2019年12月
4. 项目性质：在校大学生创业项目，创业初期。
5. 项目所遇困境：（1）外校市场资源渠道较少；（2）前期启动资金不足；（3）对企业运营的必要基础知识了解较少；（4）商业模式较模糊；（5）缺少办公场地。
6. 捧英挺才创客空间针对该项目所遇困境提供的具体服务情况：（1）担任该项目校外创业导师，建立战略合作关系，帮助该大学生创业项目走出高校，梳理市场发展方向与商业模式；（2）联动广州各高校创业协会，与该项目联合举办捧英挺才"茶创汇"创业沙龙活动，协助该项目对接广州各高校创业协会资源；（3）帮助该项目梳理业务模式，协助该项目获得前期启动小额天使6千元融资；（4）开展一对一创业辅导，邀请各位在孵项目负责人集思广益，开展头脑风暴；（5）免费提供创客空间孵化场地，给予相应场地资源的扶持名额；（6）协助该项目对接财税公司办理企业注册，助其获得延期支付财税费用的名额；（7）协助该项目对接银行资源，帮助其开设企业公户；（8）协助该项目对接知识产权公司，注册"荐鑫"商标两类。

捧英挺才孵化案例分享（二）

广州德伦科技有限公司

1. 项目名称：德伦科技
2. 项目性质：在校大学生创业，初创期
3. 创始人简介：孟嘉伦，广东岭南职业技术学院2018级在校生，数控应用技术专业，拥有CAD证、UG证、高级数控车证、中级数控铣证、计算机一级证等。
4. 获得奖项：全国3D大赛广东省分赛特等奖、全国3D大赛国赛一等奖、全国3D大赛工业设计奖。拥有一项"无灰烟缸"实用新型专利。  
5. 项目主要打造产品："智能老年机械扶手"老人助力产品，此产品通过遥控可以托起老人的脚把老人扶上床，同样也可以把老人扶下床。
6. 项目解决的痛点：满足日益增长的老人护理需求
7. 其他业务：数字雕刻、3D打印、无人机外观设计

捧英挺才主要服务介绍

- 创业咨询
- 创业培训

阶段一 挖掘培育期 0-2年

- 企业注册
- 工商财税
- 知识产权
- 企业顾问
- 补贴申报
- 定制服务

阶段二 项目初创期 3-5年

- 企业管理
- 市场拓展
- 高新认定
- 融资对接
- 项目加速
- 战略伙伴

阶段三 高新企业期

广东岭南职业技术学院中小企业创业与经营专业

项目案例：从 LUCCA COFFEE 到创意咖啡

LUCCA手工咖啡馆是广东岭南职业技术学院中小企业创业与经营专业陈宏老师2006年打造的一个连锁项目，以下是LUCCA华景新城店和佳都国际店实景图。2013年9月陈宏老师进入广东岭南职业技术学院创业管理学院担任连锁教练和首席创业导师，将LUCCA咖啡的连锁加盟项目模式带入到创业训练中，并在历届特训营和学生毕业后，从不同角度进行创意，创建了与咖啡相关的各类项目，统称为创意咖啡。

创意咖啡

创意&创业咖啡诞生地——岭南创业管理学院众创空间，经过百日成金特训营创业训练，诞生了多家与咖啡文化相关联的公司。

广州第七感广告策划有限公司　创意，无限演绎

广州尚齐盛实业有限公司　给真爱，够实在

广州纵横百河文化传播有限公司　汇文化，传天下

与咖啡关联的创业项目元素

小资	文艺	书吧	商务	休闲	怀旧
古典	约会	聚会	生活	电影	专业
美食	红酒	DIY烘焙	手工品	旧货	桌游
交流	旅游	创意	学院派	动漫	手绘
设计	鉴赏	音乐	英语角	历史	田园
摄影	民宿	海景	异域风情	民族风	露天花园

创业项目孵化案例

广东岭南职业技术学院管理工程学院

学生部分创业项目索引

企业名称	企业类型	法定代表人	注册日期
汕头市乔马仕家具有限公司	有限责任公司（自然人独资）	胡祺哲	2017年08月
广州民鹏网络科技有限公司	有限责任公司（自然人独资）	黄民鹏	2018年01月
广州外港国际物流有限公司	有限责任公司（自然人独资或控股）	林向山	2018年02月
汕头市三潮企业管理咨询有限公司	有限责任公司（自然人独资）	黄琪	2018年04月
云上岭南（广州）网络科技有限公司	有限责任公司（自然人独资或控股）	连梓欣	2018年10月

企业名称	类型	经营者	注册日期
汕头市龙湖区叁潮服装店	个体工商户	黄琪	2018年04月
清远市清城区岭创人家便利店	个体工商户	陈嘉丽	2018年10月
清远市清城区岭南人家便利店	个体工商户	蔡林淼	2018年11月

创业案例与故事分享

投

一、杭州直通车创业投资

投 杭州直通车创业投资

可视化翻转课堂

杭州直通车科技

注册资金3000万元人民币

杭州直通车科技有限公司成立于2018年2月，主营技术开发、技术服务、成果转让；计算机网络系统工程服务、汽车信息咨询服务、汽车租赁、二手车销售、网上贸易、企业管理咨询等业务。

杭州直通车科技创始人 林延川

- 营销创新
- 新零售
- 汽车品牌商城
- 智能化数据管理
- 未来生活新技术应用

以汽车产业为依托，致力打造基于物联网的社交新零售平台。

九紫

九紫人·车·生活

杭州直通车科技 发展大事记

公司基于原有的B2B商业模式衍生出B2C、M2C的复合发展模式,并以区域市场作为试点,逐步形成九紫直通车聚合服务平台。平台围绕汽车产业,通过对车辆全生命周期的管理,辅以新零售电商资源的整合工作,形成直通车会员独有的分享共创销售平台,进而打造"九紫人·车·生活共享生态圈"的共享经济。

九紫直通车系统1.0版正式上线运营
2020年2月

"九紫人·车·生活共享生态圈"线下试运营
2019年12月

杭州直通车科技启动"九紫人·车·生活共享生态圈"品牌战略计划
2019年11月

启动"九紫直通车平台"市场战略计划
2019年9月

以租代购方式代理汽车新零售电商产品及服务
2019年1月

2019年5月　切入二手车销售

2018年8月　模式再造,转型突破。

创始人林延川先生带领5位发起人启动了九紫直通车平台项目,并开始进行公司商业模式设计和基于商业模式的市场论证及开发工作。
2018年2月

基于微商模式的发展雏形诞生,从事微商产业的技术开发及维护服务。
2018年5月

杭州直通车创业投资

· 可视化翻转课堂 ·

杭州直通车科技 九紫人·车·生活 共享生态圈

九紫人·车·生活 共享生态圈

会员体系：全面打通会员商户、服务商户、供应商商户、个体代理、用户在内的所有会员以及商户员工、股东、合作伙伴等，使其都加入到"九紫人·车·生活共享生态圈"中来，成为生态圈的一分子。

积分体系：积分是平台记录会员贡献的唯一衡量工具。会员通过线上分享、线下推广、使用评价及投诉建议等方式，获得平台赠与的积分。积分用于商城内产品或服务换购，以及未来平台在一二级市场对会员的承诺等。

社交体系：线上和线下打通社交功能，让生活兴趣成为文化资源的一部分。社交体系包括汽车资讯、生活馆、会员交流、会员分享、互帮互助等，生态圈就是会员的大家庭。

商城体系：车商城专注汽车全生命周期管理，提供基于目标用户刚需的产品和服务。会员实现自行消费或销售行为，并持续为平台进行线上线下推广引流。积分商城实现消费重构去中间化，为会员提供优质生活类产品，涵盖衣食住行产品及服务，采用会员积分＋供货价的结算方式。

流通体系：强大的车联网及物联网技术，让产业信息化成为可能，并兼容其他行业使自由流通变得生动可行。会员通过共享资源，在尽享生态圈品质生活的同时，更能成就事业的发展。

供应链体系：技术壁垒、行业壁垒、供应链壁垒、管理壁垒边界的打破、整合与有效建设，极大地丰富了产品服务及配套，形成不易替代的差异化竞争优势，并推动平台的整体上市计划。

杭州直通车科技

我们，正在连接未来

| 娱乐 | 信息 | 沟通 | 商务 |

- 搜索
- 社交
- 移动互联网
- 物联网

人
- 消费者
- 会员经纪
- 运营商

消费更透明 ↑↓ 直接入驻商城
转商 ←→
推荐企业类会员

车
- 线上车城
- 品牌车商城
- 新车嗨乐购

新能源汽车推广

产业精耕，新零售聚合服务

生活
- 服务积分
- 积分换购
- 兑换专区

↑ 积分越多，优惠越大，带动消费升级。

九紫

人工智能　区块链　云计算　大数据

| 共生 | 共享 | 共创 | 共荣 |

108

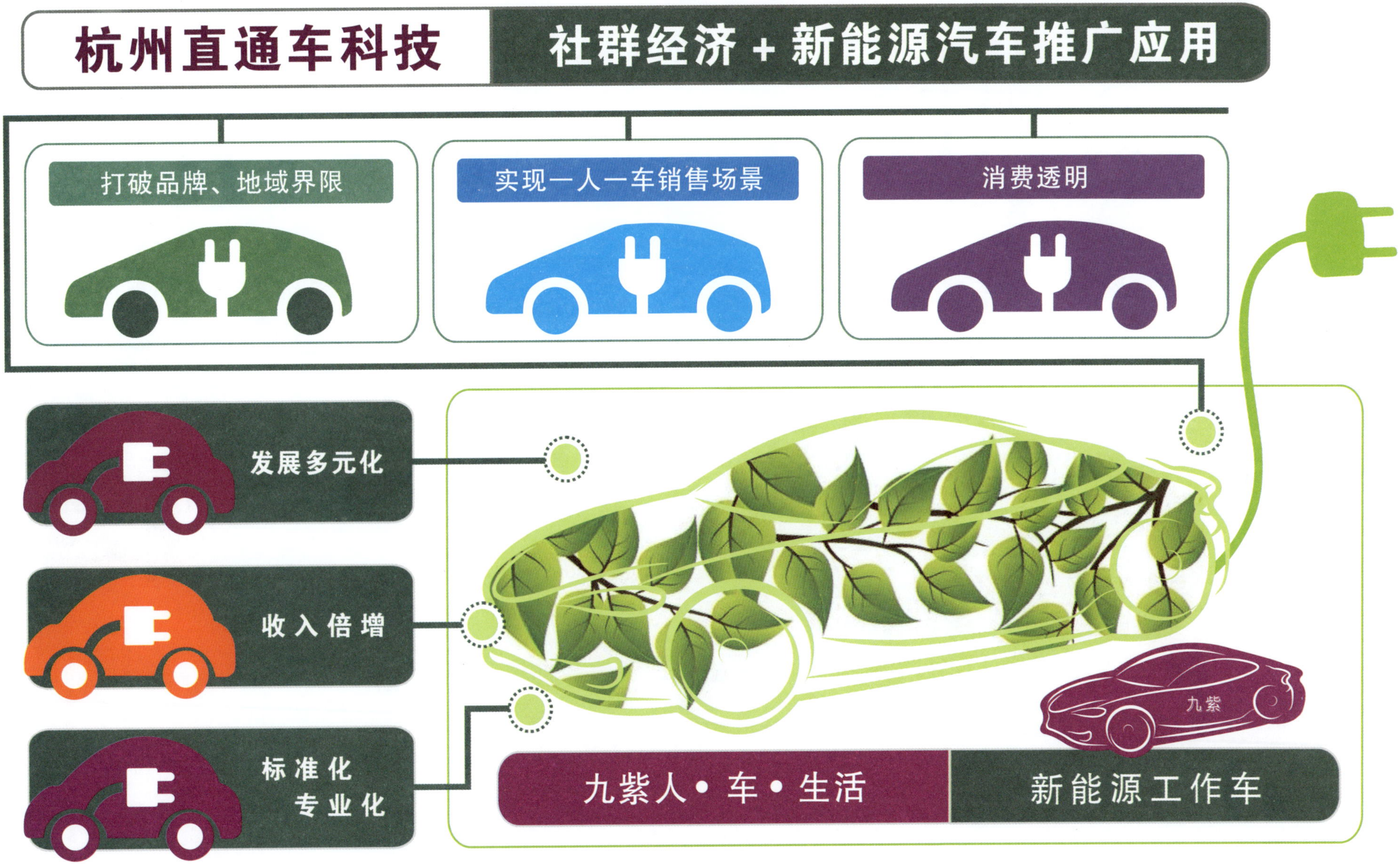

投 杭州直通车创业投资

可视化翻转课堂

杭州直通车科技 | 社群经济 + 新能源汽车推广应用

- 打破品牌、地域界限
- 实现一人一车销售场景
- 消费透明

- 发展多元化
- 收入倍增
- 标准化 专业化

九紫人·车·生活 | 新能源工作车

杭州直通车科技 汽车销售主体整合场景图

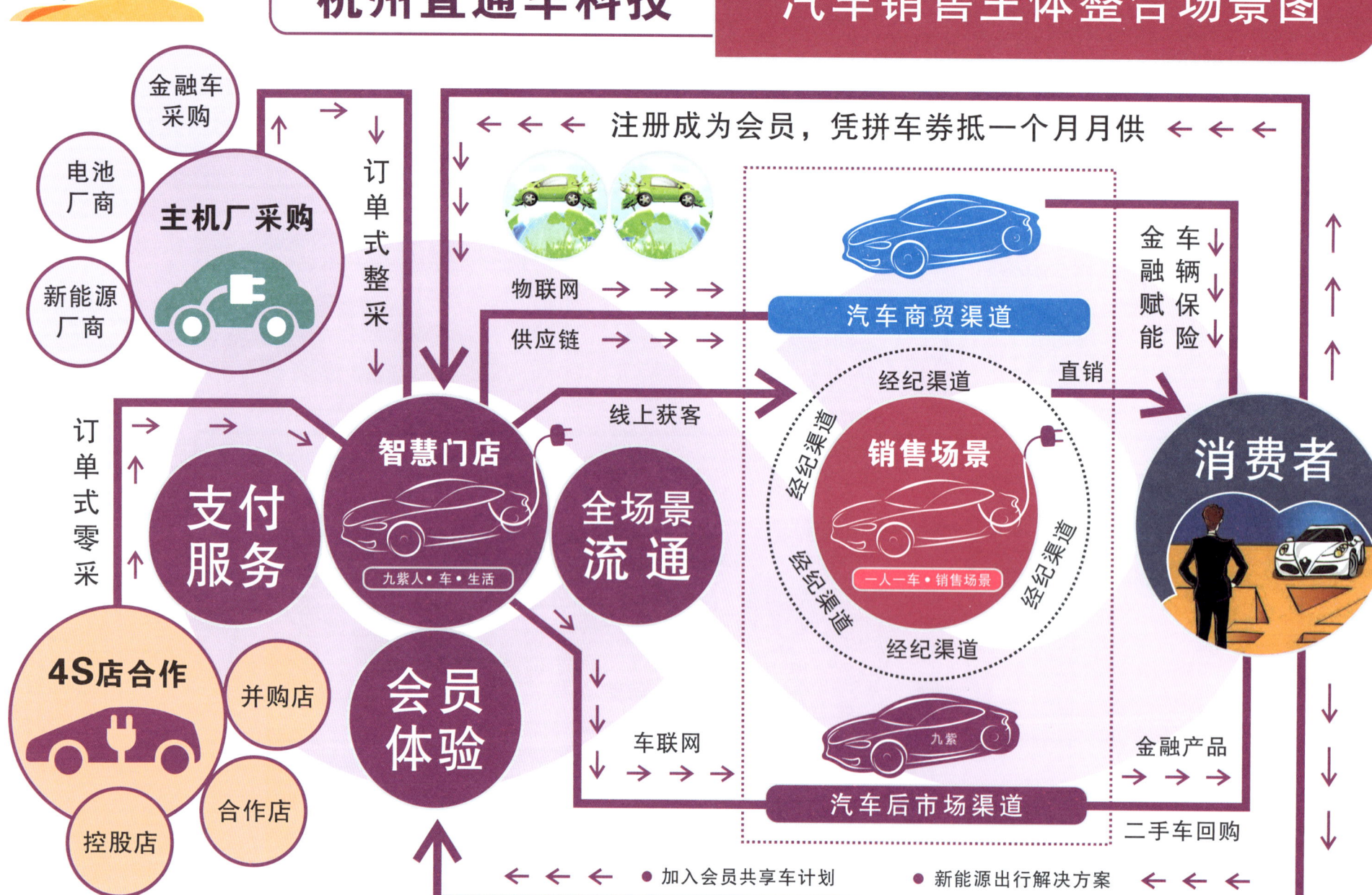

注册成为会员，凭拼车券抵一个月月供

- 金融车采购
- 电池厂商
- 新能源厂商
- 主机厂采购
- 订单式整采
- 订单式零采
- 物联网
- 供应链
- 线上获客
- 汽车商贸渠道
- 车辆保险
- 金融赋能
- 直销
- 智慧门店（九紫人·车·生活）
- 支付服务
- 全场景流通
- 销售场景（一人一车·销售场景）
- 经纪渠道
- 消费者
- 4S店合作
- 并购店
- 合作店
- 控股店
- 会员体验
- 车联网
- 汽车后市场渠道
- 金融产品
- 二手车回购
- 加入会员共享车计划
- 新能源出行解决方案

110

杭州直通车创业投资

杭州直通车科技之服务整合场景图

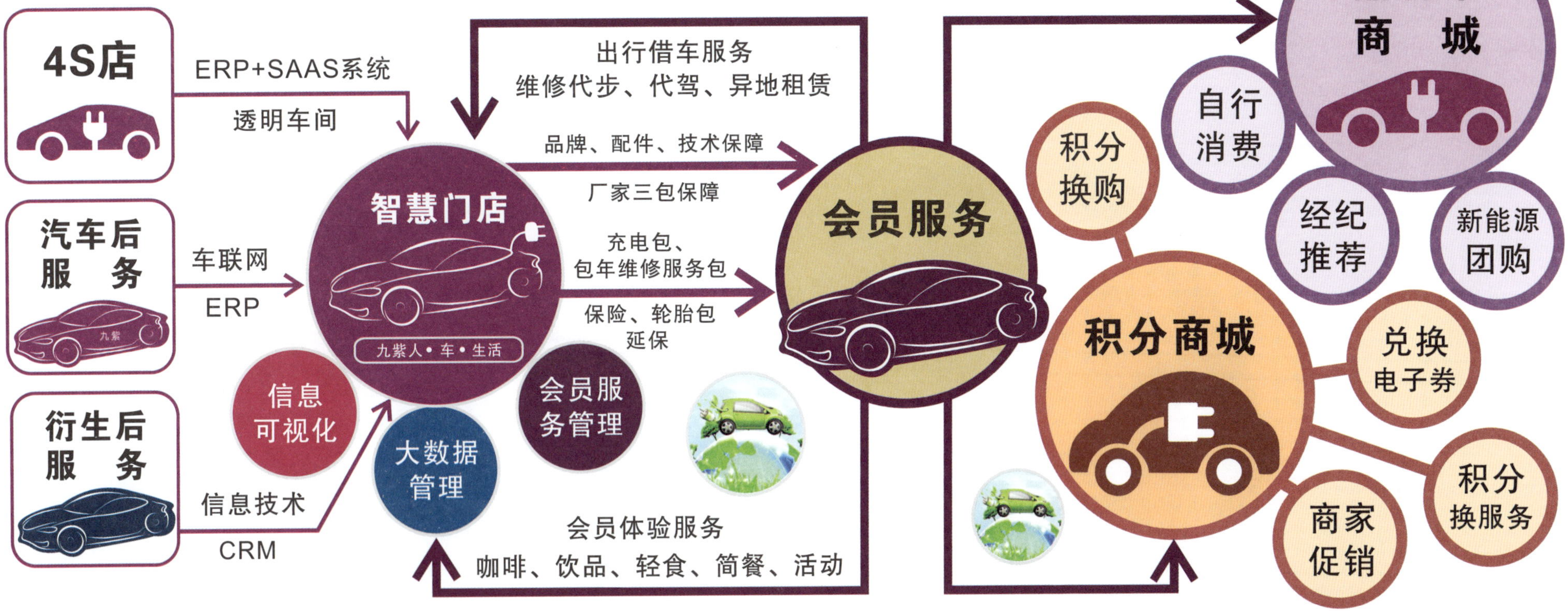

- 4S店 —— ERP+SAAS系统、透明车间 → 智慧门店
- 汽车后服务 —— 车联网、ERP → 智慧门店
- 衍生后服务 —— 信息技术、CRM → 智慧门店

智慧门店（九紫人·车·生活）：信息可视化、大数据管理、会员服务管理

智慧门店 → 会员服务：
- 出行借车服务、维修代步、代驾、异地租赁
- 品牌、配件、技术保障
- 厂家三包保障
- 充电包、包年维修服务包
- 保险、轮胎包、延保

会员体验服务：咖啡、饮品、轻食、简餐、活动

会员服务 → 品牌车商城、积分商城

品牌车商城：自行消费、经纪推荐、新能源团购

积分商城：积分换购、兑换电子券、积分换服务、商家促销

杭州直通车科技盈利模式：会员收入+商户技术年费+品牌车商城收入+衍生服务收入

2018年中国汽车保有量2.35亿辆，国家实行减税降费政策，汽车后市场规模突破万亿级。2025年，新能源车将占整体产销25%，2030年，新能源车实现占比30%的国家既定目标。

二、粤菜师傅创业投资

粤菜师傅创业投资

可视化翻转课堂

关于粤菜师傅创业项目

在广东，从南到北、从东到西、从城市到乡村，粤菜都有着广泛而庞大的消费群体，因此，粤菜创业具备得天独厚的条件和优势。"粤菜师傅"创业分为城市和乡村两大类：城市粤菜创业以小餐馆、大排档为主，乡村粤菜创业主要发展"以旅游振兴乡村"的农家乐等餐饮经营。当今时代，乡村振兴已成为国策，掀起返乡创业的热潮，如果能与粤菜餐饮完好结合，将使其焕发绚烂的光彩。

为帮助"粤菜师傅"提升创业能力，在广州市人力资源和社会保障局的部署指导下，广州市职业能力培训指导中心与广东岭南职业技术学院合作，开发"粤菜师傅"创业培训课程，以《粤菜创业10步法》为教材，专门为粤菜创业开店打造情景式、可视化餐饮特色培训模式，直接呈现粤菜小微创业开店情景，重实操、快落地。

民以食为天，中国14亿人的餐饮是一个巨大的市场，2018年中国餐饮产业收入就已经突破4万亿，成为仅次于美国的世界第二大餐饮市场。广东1亿多人的餐饮也为粤菜餐饮投资勾勒出一幅极具想象力的恢弘画面，粤菜师傅创业投资正当其时。

粤菜师傅
小微创业项目投资

粤菜饮食文化与粤菜饮食特点

粤菜饮食文化

粤菜是最具广东特色的饮食文化，也是具有代表性的中国饮食文化之一。粤菜讲究味道之鲜美，色、香、味、形整体设计完美。狭义的粤菜指的是广州菜（也称广府菜），发源于岭南，集广州、番禺、南海、顺德、东莞、香山、四邑（新会、台山、开平、恩平）、宝安、肇庆、韶关、湛江等地方风味的特色为一体，是传统的中国四大菜系之一。广义的粤菜由广州菜、潮州菜（也称潮菜、潮汕菜）、客家菜（东江菜是客家菜的"水"系，梅州菜是客家菜的"山"系）发展而成。

在漫长的历史岁月中，岭南人既继承了中原饮食文化的传统，又博采外来及各方面的烹饪精华，从二十世纪二三十年代开始，广州及代表地区的食俗，南北兼容，中西并蓄，极富特色的美食、小吃，大批大批地涌现出来。这些美食和小吃根据本地的口味、嗜好、习惯，不断吸收、积累、改良、创新，从而形成了菜式繁多、烹调艺巧、质优味美的粤菜饮食特色。近百年来，粤菜已成为国内最具代表性和最有世界影响力的饮食文化之一。

粤菜主要特点

粤菜注重质和味，粤菜用量精而细，配料多而巧，品种繁多。粤菜口味随季节时令的变化而变化，夏秋偏重清淡，冬春偏重浓郁，追求色、香、味、型。

广州菜又称广府菜，以发祥于广州而得名。广州菜集南海菜、番禺菜、东莞菜、顺德菜、中山菜、四邑菜等地方风味特色，菜品味道讲究"清、鲜、嫩、滑、爽、香"，追求原料的本味和清鲜味，少用辣椒等辛辣性作料，菜品味道不走极端，既不会大咸也不会大甜。

知名的广州菜主要有：白切鸡、广州文昌鸡、蜜汁叉烧、白灼虾、太爷鸡、红烧乳鸽、烤乳猪、烧鹅、广式烧填鸭、麒麟鲈鱼、清蒸石斑鱼、龙虾烩鲍鱼、菠萝咕噜肉、香芋扣肉、蚝皇凤爪、豆豉蒸排骨、鱼头豆腐煲、鼎湖上素、烟筒白菜、南乳粗斋煲、老火靓汤、干炒牛河、鱼香茄子煲、煲仔饭等。

广州菜（广府菜）主要特点： 清、鲜、嫩、滑、爽、香

粤菜师傅创业投资

可视化翻转课堂

潮汕菜主要特点
鲜、淡、清、雅、巧、嫩

潮州菜，简称潮菜，也有称潮汕菜。潮州菜注重味、色、香、型、器、酱，以"味道"最为讲究，广东一直有"食在广州，味在潮汕"的说法。潮州菜具有清、淡、鲜、嫩、巧、雅等特点，主要有：潮州卤鹅、潮州卤水拼盘、潮式生腌醉蟹、潮汕海鲜粥、香煎蚝仔烙、普宁豆腐、潮汕牛肉火锅，以及各类潮汕小吃等。

潮州卤鹅	潮州鱼饭	潮州冻红蟹	生腌咸虾姑	潮汕醉蟹	甲子鱼丸
潮州冻肉	麒麟鲍片	菜脯煎蛋饺	潮州肉卷	蚝仔烙	炸芙蓉虾
梅香排骨	归参熬猪腰	普宁炸豆腐	厚菇芥菜	牛肉炒芥蓝	苦瓜排骨汤

客家咸鸡	客家三杯鸡	客家酿豆腐	猪肚包鸡	梅菜扣肉	客家焖鹅
花生煲猪脚	炒猪面肉	客家香菇酿肉	客家红烧肉	菜脯煎春	客家香炸蜂蛹
梅菜蒸肉饼	客家酿三宝	客家蛋饺煲	天麻炖猪脑	客家猪肉汤	五指毛桃汤

客家菜是一个统称，按地域来分，又可分为梅州流派、东江流派、北江流派、闽西流派、赣南流派等。

客家菜具有咸、香、肥、熟、热、软等特点。知名的客家菜有：客家酿豆腐、梅菜扣肉、客家盐焗鸡、客家红烧肉、客家猪肚鸡、客家三杯鸭、客家盆菜、客家酿苦瓜、客家猪肚包鸡、客家牛肉博丸汤、客家猪肉博丸汤、客家鱼丸煲、客家炒大肠等。

客家菜主要特点
肥、熟、热、软、咸、香

粤菜创业区域与城市（以广东省创业城市选择为例）

一线城市： 广州、深圳

新一线城市： 东莞

二线城市：
佛山、惠州、珠海、汕头

三线城市：
湛江、中山、梅州、揭阳

四线城市：
韶关、茂名、肇庆、清远
江门、阳江、河源、潮州

五线城市：
云浮、汕尾

如到广东省外进行粤菜创业
可参照不同城市的分级和实际情况选择城市

城市商业综合指标

- GDP规模
- 人口与居民人均收入
- 世界500强企业落户数量
- 机场吞吐量
- 国际航线数量
- 一线品牌进入数量
- 一线品牌进入密度
- 211高校 985高校
- 大公司重点战略城市排名
- 使领馆数量

目标人群对餐厅的选择

口味 地不地道？ 评分：0-20分

环境 优不优雅？ 评分：0-20分

服务 贴不贴心？ 评分：0-20分

价格 划不划算？ 评分：0-20分

位置 便不便利？ 评分：0-20分

对一定数量的目标人群进行调查后，对拟定开的餐厅予以评价。60分以下为不受欢迎，90分以上虽然很受欢迎，但可能经营成本过高。

116

粤菜师傅创业投资

可视化翻转课堂

中式餐饮投资的几种类型

中式餐馆

酒家、酒楼、餐厅、饭庄、农家乐、饭店、酒店

中式餐馆以中式饭菜为主要经营项目，包括酒家、酒楼、酒店、饭庄、火锅店等。

- **小型餐馆**
  经营场所使用面积≤150㎡，就餐座位数≤75

- **中型餐馆**
  经营场所使用面积>150㎡,≤500㎡
  餐座位数>75,≤250

- **大型餐馆**
  经营场所使用面积>500㎡,≤3000㎡
  餐座位数>250,≤1000

- **特大型餐馆**
  经营场所使用面积>3000㎡,餐座位数>1000

快餐店

- 快速提供就餐服务，集中加工配送，分餐食用。

小吃店

- 小吃店是指以点心、小吃为主要经营项目的单位。

饮品店

- 饮品店主要供应咖啡、茶水、饮料或甜品等。

食 堂

- 设于学校、机关、企事业单位、工地等场所，供应学生或内部职工等。

集体用餐配送单位

- 集体用餐配送单位是指根据集体服务对象订购要求，集中加工、分装食品但不提供就餐场所的配餐提供者。

描述1-2个餐饮项目投资案例

中式餐饮主要类型、使用面积、所在城市与投资规划

餐饮类型	使用面积	工作和经营区域主要部分使用面积				所在城市和区域	投资规划
		食品处理区	切配烹饪场所	凉菜专间	就餐场所		
小型餐馆	≤150㎡	≥14㎡	≥8㎡	≥5㎡	≥28㎡		
基本要求：（1）加工场所水池（含海、淡水水产品）50cm×50cm×30cm×3；（2）消毒柜清洗消毒场所水池50cm×50cm×30cm×2；（3）清洗消毒池、消毒柜、保洁柜在一起，库房独立；（4）从原料进到成品出，单线布局避免交叉污染；（5）厕所不得在食品处理区。							
中型餐馆	>150㎡ ≤500㎡	≥40㎡	≥20㎡	≥10㎡	≥100㎡		
基本要求：（1）必须设独立的粗加工间、食品库房、非食品库房、专间（凉菜、裱花蛋糕、生食海产品）、餐具清洗、消毒保洁间（水池、消毒柜、保洁柜放一起）；（2）食品处理区还应设置操作人员洗手池（按人流量增设）；（3）其他与上同。							
大型餐馆	>500㎡ ≤3000㎡	≥120㎡	≥50㎡	≥15㎡	≥340㎡		
特大型餐馆	>3000㎡	≥950㎡	≥375㎡	≥80㎡	≥1600㎡		
小吃店快餐店	≤50㎡	≤10㎡	≤8㎡	≤4㎡	≤28㎡		
	>50㎡	≥10㎡	≥10㎡	≥5㎡	≥26㎡		

粤菜创业中、小、微投资规划评估

粤菜师傅创业投资

粤菜创业投资与经营费用预算表

项目	租赁费		员工薪酬			门店转让、装修及设备等费用投资				
	门店店租（元/月）	住宿租金（元/月）	各类人员工资/月	各类人员福利/月	各类人员奖金/月	门店转让（元）	店头招牌（元）	店内装修（元）	厨房设备（元）	空调电器（元）
前期投资费用										
	3个月押金3个月租金（元）	3个月押金3个月租金（元）				桌椅用具	餐具费用（元）	各类工衣（元）	店内广告（元）	装饰摆设（元）
			预留3个月	预留3个月	预留3个月					

项目	日常采购		日常经营			日常水电等费用开支				
	原料采购（元）	物质采购（元）	办公费用（元）	广告费用（元）	促销费用（元）	水费（元/月）	电费（元/月）	气费（元/月）		
经营采购费用										
	采购资金预留3个月	采购资金预留3个月	预留资金3个月	预留资金3个月	预留资金3个月	水费金额预留3个月	电费金额预留3个月	气费金额预留3个月		

	招聘费用（元）	培训费用（元）	开办费用（元）	开业费用（元）	折旧费用（元/月）	维修费用（元/月）	税金（元/月）			
其他费用										

基本信息

- 餐饮类型
- 经营面积
- 从业人数
- 计划投资
- 投资方式
- 经营模式

119

粤菜创业投资启动资金预测之"餐馆开办费预测"

启动资金预测之"餐馆开办费预测"

餐馆名称			地址	
序号	项 目	费用（元）	相关内容描述	
	合计金额			

说明： 开办费包括：市场调查费、差旅费、签约首付租金（租赁门店填写）、押金或保证金、门店装修费、注册费用（办理工商证照、刻公章和发票专用章等）、平台开发费、咨询服务费、前期宣传推广费等。

菜单

粤菜师傅

舌尖告诉你 广东的味道

粤菜师傅创业投资

可视化翻转课堂

粤菜创业资产投资之"餐馆日常营业和厨房日常运营设施"

资产投资之"餐馆日常营业和厨房日常运营设施"

序号	名称	数量	单位	单价	单项总额	相关内容描述
	合计金额					

说明：
- 餐馆营业设备包括桌椅、空调、收银系统和设备、厨房设备等。厨房设备冰箱、冰柜、消毒碗柜、炉灶、打荷台、砧板、不锈钢碗盆、锅铲、客人用碗筷等。具体厨房设备参见本页右侧清单。
- 此表一页不够可复制多张，供填写使用。

厨房设备类
☐ 排风管道 ☐ 排烟设备 ☐ 连续油炸机 ☐ 餐具浸槽
☐ 自动炒锅 ☐ 刀板杀菌柜 ☐ 米饭生产线 ☐ 翻转锅
☐ 翻转锅操作台 ☐ 风力烤线 ☐ 多功能烤箱 ☐ 洗槽
☐ 洗涤盘 ☐ 保管箱 ☐ 储存柜 ☐ 存放架 ☐ 餐车
☐ 五金架、杆、钩 ☐ 调料盒、箱、架炊具架

厨房器械类
☐ 洗碗机 ☐ 洗菜机 ☐ 饺子机 ☐ 压面机 ☐ 和面机
☐ 饺肉机 ☐ 切肉机 ☐ 洗米机 ☐ 面点机 ☐ 刨冰机
☐ 榨汁机 ☐ 搅拌机 ☐ 豆浆机 ☐ 甜筒机 ☐ 咖啡机
☐ 冰激凌机 ☐ 真空冷却机 ☐ 其他_____

厨房炊具类
☐ 炒锅 ☐ 炒勺 ☐ 蒸锅 ☐ 汤锅 ☐ 砂锅 ☐ 火锅
☐ 平底锅 ☐ 不粘锅 ☐ 蒸笼 ☐ 蒸箱 ☐ 高压锅

厨房餐具类
☐ 陶瓷餐具 ☐ 塑料餐具 ☐ 不锈钢餐具 ☐ 竹木餐具
☐ 金银餐具 ☐ 铜锡餐具 ☐ 金漆餐具 ☐ 西餐具
☐ 中餐具 ☐ 酒具 ☐ 茶具 ☐ 咖啡具

厨房炉灶类
☐ 抽油烟机 ☐ 燃气灶 ☐ 油炉 ☐ 汽炉 ☐ 电炉
☐ 烤炉 ☐ 酒精炉 ☐ 木炭炉 其他_____

厨房电器类
☐ 电饭煲 ☐ 微波炉 ☐ 开水器 ☐ 电磁炉 ☐ 消毒柜
☐ 冰箱 ☐ 冰柜 ☐ 冷藏柜 ☐ 净水机 ☐ 饮水机
☐ 排风扇 ☐ 排风扇厨房电器材料及配件 ☐ 其他

厨房橱柜类
☐ 不锈钢橱柜 ☐ 木质橱柜 ☐ 防火板橱柜 ☐ 钢板橱柜
☐ 整体橱柜 ☐ 整体厨房 ☐ 集成厨房 ☐ 橱柜台面
☐ 板材及配件 ☐ 其他_____

厨房附属设施及用品
☐ 餐厅桌椅 ☐ 吧台桌椅 ☐ 水龙头 ☐ 桌布 ☐ 台布
☐ 照明灯具开关 ☐ 装饰品 ☐ 水果篮 ☐ 蔬菜筐

121

三、新零售关联性创业投资

投 新零售关联性创业投资

· 可视化翻转课堂 ·

新零售是智能商业化时代到来的一个标志

新零售（New Retail）

1 什么是新零售？

以互联网为依托，通过运用大数据、人工智能等先进技术手段，对商品的生产、流通与销售过程进行升级改造，进而重塑业态结构与生态圈，并对线上服务、线下体验以及现代物流进行深度融合的零售新模式。

2
- 以信息技术（大数据、物联网、AI等）为驱动 
- 以消费者体验（满足消费者各种各样需求的购物场景）为核心

线上、线下 人、货、场三要素重构

3 商品通 　会员通 　支付通

4 全新商业形态

线上线下无缝联系

线上订单主动分配就近门店发货，大大降低快递成本，同时消费者场景体验感大大提高。

123

从智能产品系列看智能商业化发展

智能产品系列

- **智能家居** 
  - 智能家电类：智能电视 ● 智能盒子 ● 智能插座 ● 智能灯泡 ● 智能音响 ● 扫地机器人 ……
  - 智能安全监测：智能门禁 ● 智能恒温 ● 智能冰箱 ● 燃气智能监测 ……
  - 智能家具类：智能窗帘 ● 智能床 ……

- **智能穿戴** 
  - 智能手环手表：智能手表 ● 智能手环 ● 智能戒指 ……
  - 智能头戴设备：智能眼镜 ● 智能头盔 ……
  - 智能追踪器类：智能贴片 ● 智能防丢鞋 ……

- **智能交通** 
  - 智能搭乘工具：智能体感车 ● 智能自行车 ● 智能滑板 ● 智能电动车 ……
  - 智能汽车配件：智能导航仪 ● 智能电子狗 ● 行车记录仪 ……
  - 智能整车类：智能汽车 ……

- **智能医疗** 
  - 智能健康类：智能血压仪 ● 智能电子秤 ● 智能水杯 ● 智能头带 ● 睡眠智能检测 ……
  - 智能医疗类：智能血糖检测仪 ● 智能心率检测仪 ……
  - 智能手术设备：智能手术机器人 ……

其他智能设备：智能机器人、智能无人机、智能玩具 ……

> 智能商业是新制造、新零售、新消费、新管理的系统性结合。

新零售关联性创业投资

可视化翻转课堂

从生鲜全产业链看新零售关联性创业投资项目

生鲜全产业链生态经营思维

1-3 生产 | 加工 4-8 | 物流 9-11 | 销售 12-14

1. 生态种植
2. 禽畜养殖
3. 水产养殖
4. 饲料加工
5. 生产有机肥
6. 种植初加工
7. 屠宰加工
8. 食品加工
9. 冷链物流
10. 仓储配送
11. 全程质量监管
12. 连锁专卖店
13. 生鲜电商
14. 新零售

以互联网为依托，运用大数据、人工智能等先进手段，对商品的生产、流通与销售过程进行升级改造，重塑人、货、场业态结构和生态圈，这是一种对线上服务和线下体验以及现代物流进行深度融合的零售新模式。

关联投资案例分享

125

从"A"人工智能看新零售关联性创业投资项目

A 人工智能（Artificial Intelligence）

人工智能，英文缩写为AI，它是研究、开发用于模拟、延伸和扩展人的智能的理论、方法、技术及应用系统的一门新的技术科学。人工智能不是人的智能，但能像人那样思考，也可能超过人的智能。

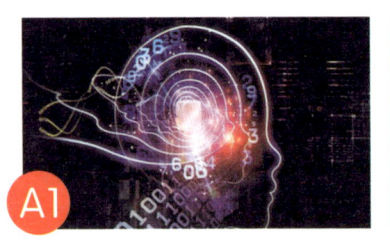

A1 智能大爆发的时代已悄然降临

但99%的人看不见，0.9%的人看不起，只有0.09%的人看懂了，0.01%的人在行动。

A2 机器人

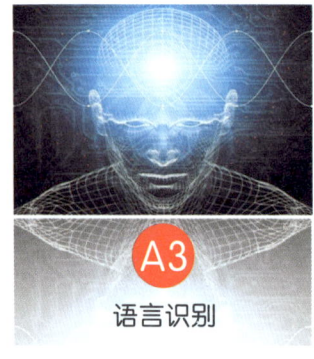

A3 语言识别

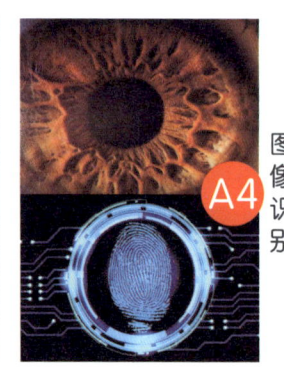

A4 图像识别

A5 自然语言处理

自然语言处理是一门融语言学、计算机学和数学于一体的科学，实现人类用自然语言与计算机进行通信、交流和应用。

A6 专家系统

专家系统是对特定领域的特定难题用专家级水平去解决的智能计算机程序，一般由知识库、数据库、推理机、解释器、知识获取五个部分组成，是人工智能的重要分支之一。

人工智能领域与新零售关联的投资案例分享

新零售关联性创业投资

可视化翻转课堂

从"B"区块链看新零售关联性创业投资项目

B 区块链（Block Chain）

B1
区块链是信息革命的拐点
区块链是互联网的第二个时代
区块链的价值是互联网的十倍
区块链是制造信任的机器……

B2 区块链6层模型

激励层 → 发行和分配机制
合约层 → 脚本、算法、智能合约
共识层 → 共识机制/算法（Pow、Pos、Dpos等）
网络层 → 分布式
数据层 → 区块数据、非对称加密、时间戳
应用层 → 应用场景
核心层

B3 区块链发展阶段

区块链3.0阶段：大规模应用阶段
随着区块链技术的成熟，一些平台型项目将成为现实世界与区块链世界的连接器，并能接入其他区块链系统，形成通用的区块链技术平台并能支持大规模的交易处理要求。基于这些成熟的区块链系统，将会出现更多的区块链应用，区块链技术将真正走入现实生活中。

区块链2.0阶段：区块链底层技术发展阶段
基于ETH、NEO和QTUM开发了诸多应用，但很多应用也仅是通过这些平台发币而已，离真正的应用尚有距离。

区块链1.0阶段：区块链概念形成阶段
此阶段仅限于发行数字货币等简单的应用，并无多大实际价值。

区块链领域与新零售关联的投资案例分享

从"C"云计算看新零售关联性创业投资项目

C 云计算（Cloud Computing）

C2 按使用付费的资源共享池

C3 云计算是分布式计算、并行计算、效用计算、网络存储、虚拟化、负载均衡、热备份冗余等传统计算机和网络技术发展融合的产物。

C1 云计算

云计算是一种按使用量付费的模式，这种模式提供可用的、便捷的、按需的网络访问，进入可配置的计算资源共享池，这些资源能够被快速提供，只需投入很少的管理工作，或与服务供应商进行很少的交互。

网络 　　服务器 　　存储 　　应用软件 　　服务

云计算领域与新零售关联的投资案例分享

新零售关联性创业投资

可视化翻转课堂

从"D"大数据看新零售关联性创业投资项目

D 大数据（Big Data）

D1 大数据

一种规模大到在获取、存储、管理、分析方面大大超出了传统数据库软件工具能力范围的数据集合，大数据技术的战略意义不在于掌握庞大的数据信息，而在于对这些含有意义的数据进行专业化处理。它必须依托云计算的分布式处理、分布式数据库和云存储、虚拟化技术。

D2 云计算 / BIG DATA

大数据分析常和云计算联系到一起，就像硬币的两个面。

D3 大数据的特点与要求 ➡ 大数据的特点与要求

种类： 数据有许多不同格式，如结构化数据、半结构化数据、非结构化数据等。

速度： 指创建、存储、分析和显示数据的速度。

可变性： 指数据含义会（迅速）变化，如在几乎一样的推特消息中，某个词可能有着完全不同的意思。

真实性： 真实性指的是企业组织需要确保数据正确，同时要确保能正确分析数据。

复杂性： 数据量巨大，来源多渠道。

可视化： 让许多数据变量容易理解，让一些复杂图形容易阅读。

价值： 大数据意味着大商机，大数据也为企业、社会、消费者创造巨大价值。

大数据领域与新零售关联的投资案例分享

129

“教创孵投”合作模式系统图（以蚁米基金为例）

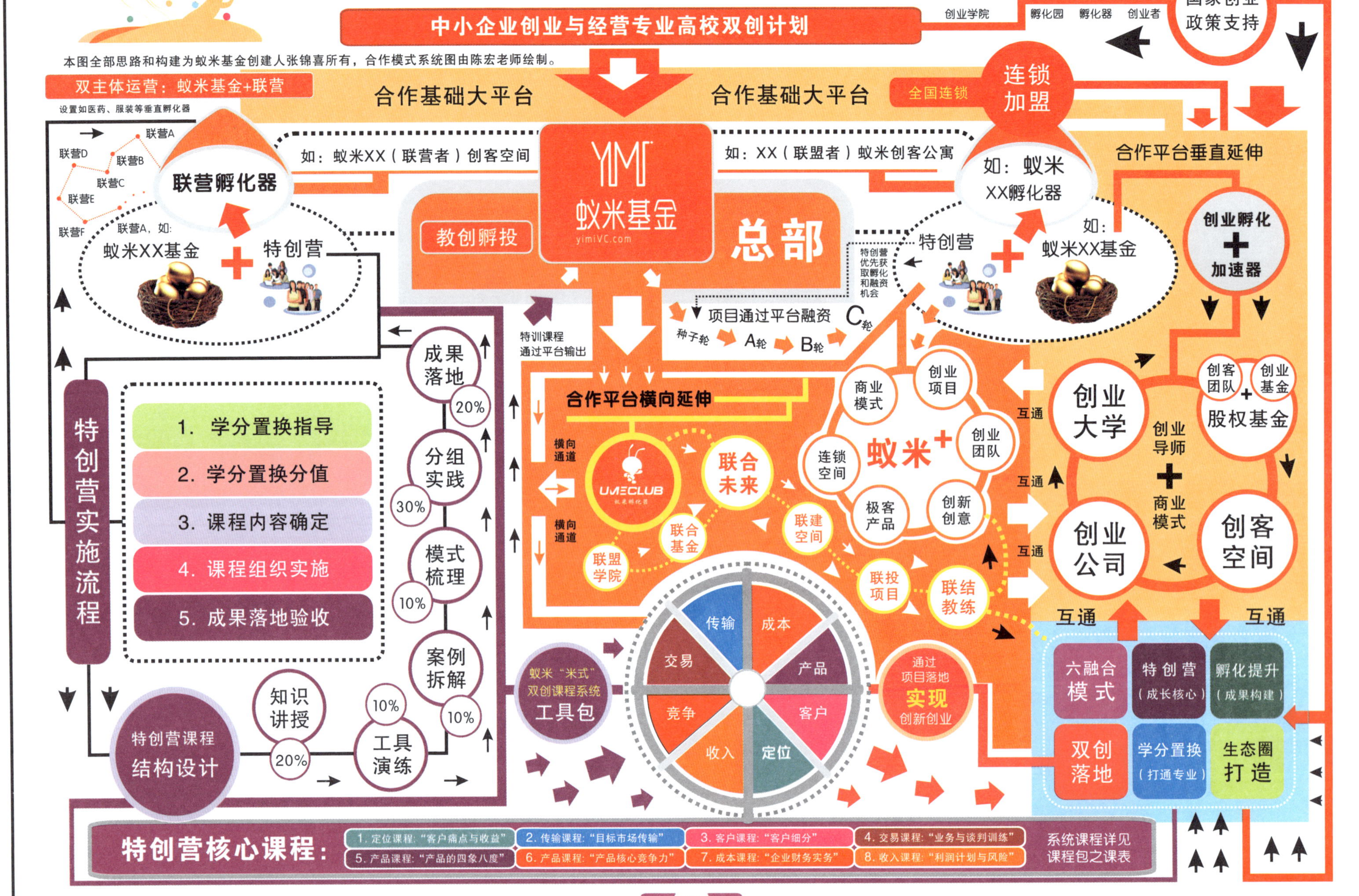

新零售关联性创业投资

可视化翻转课堂

从"V"虚拟现实看新零售关联性创业投资项目

V 虚拟现实（Virtual Reality）

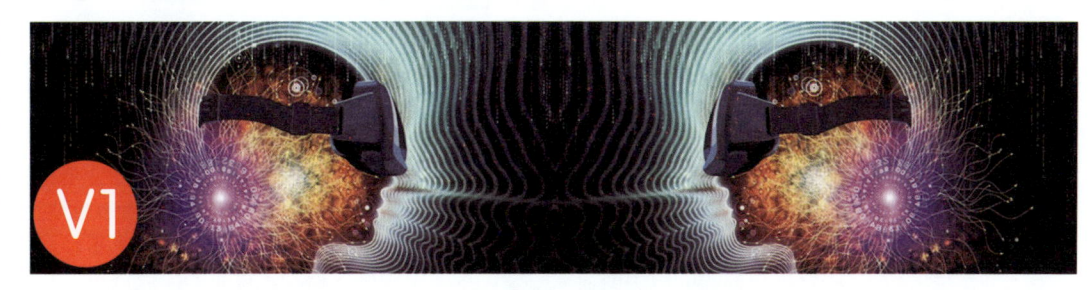

V1

VR 即虚拟现实技术，它是利用计算机为用户提供一个交互式、可沉浸、身临其境的虚拟三维空间。

V2 多感知性

VR除了具有视觉感知，还有触觉、运动知觉、味觉、嗅觉等感知。

V3 交互性

用户在使用VR技术时，可以与之产生互动，获得如同在现实生活中如拆卸机器等同样的感受。

V4 沉浸性

指VR为用户提供一个逼真的环境，让用户仿佛置身于现实中。

虚拟现实领域与新零售关联的投资案例分享

勇于创新，携手共进，同创辉煌

广东岭南职业技术学院管理工程学院与"教创孵投"教学改革探索与实践

"教创孵投"的源起

2013年4月广东岭南职业技术学院和广东卓启投资有限公司以双主体办学的模式成立了创业管理学院（广东岭南职业技术学院文件：岭南高职院字【2013】3号），使创业管理学院成为广东岭南职业技术学院创新创业教学改革的策源地。岭南创业管理学院在创建之初就制订了《教创孵投一体化创新创业教学改革方案》，以创业管理学院课程改革切入，以多种类型的创业特训营落地训练，以孵化园和教学实践基地（众创空间）的模式增进大学生创业项目孵化，学院与企业、基金加强合作，以天使投资的方式增进创业项目增值和扩大发展的能力，在"教、创、孵、投"四个环节上，层层推进、首尾相连、形成良性循环，全面深化创新创业教学改革与实践。

关于管理工程学院

2019年7月广东岭南职业技术学院经济管理学院的物流管理专业、酒店管理专业、工商企业管理专业、人力资源管理专业、市场营销专业和创业管理学院中小企业创业与经营专业整合为管理工程学院。重组后的管理工程学院继承了18年的办学历史，致力于培养适应社会经济发展需要的实干型创业与创型新就业结合的复合型人才以及卓越管理英才，人才培养具有鲜明的应用型、复合型、实战型特点，得到了社会的广泛认可。

管理工程学院秉承"合作办学、合作育人、合作就业、合作发展"的理念，遵循"做实、做精、做强"的指导原则，与广东省物流行业协会、中国连锁协会、广州市汽车协会、广州顺丰速运有限公司、南湖国旅、嘉逸国际酒店、香雪国际酒店（国有）、红海人力、新南方集团（国有）、侨鑫集团、嘉裕集团、华润万家（国有）、沃尔玛公司等100多家企业合作，校企共建产业学院、共建订单班、共建校内实训基地和校外实习基地、共同组织大型就业招聘会，以及聘请企业高管来校任教等。独具管理类专业特色的校企合作模式为培养复合型、发展型、创新型技术技能实用人才和学生优质就业提供了重要保障。

主要成绩与获得荣誉

管理工程学院师资队伍凝心聚力，积极进取，办学18年以来，创造了可喜的成绩和收获了诸多的荣誉，主要有：发表专业论文100多篇，主持或参与各级项目或课题近100项，主持或参与的项目获省教学成果奖1项、校教学成果奖10项，老师获省级以上大赛二等奖以上近20项，指导学生参加各级技能竞赛并获奖60多项。

管理工程学院与"教创孵投"相关的主要课题研究（2017-2019）

序号	与"教创孵投"相关的研究课题名称	课题负责人
01	创业型大学创建背景下的高职教师角色转换的差异化研究——基于MBTI性格类型理论	卿青
02	创新强校背景下财经类教师创新能力结构与工作行为研究——基于McCelland素质模型的建构	熊薇
03	构建以"众创空间"为平台的商业类专业创新型人才培养模式的探索与实践—以营销管理专业为例	钟雪丽
04	具有广东特色的新时代高水平高职院校营销管理专业建设的理论和实践研究—基于专业集群基础上的移动互联网时代创新应用型人才培养研究	曹菲
05	行业创新创业人才培养课程的开发与探索—以粤菜创业为例	陈宏
06	中小企业创业与经营专业校企合作"双轨并行"机制研究	林青
07	粤港澳大湾区职业院校产教协同创新创业育人培养模式研究——新媒体师生工作室	钟雪丽
08	高职院校营销和管理专业通过DQP为基础的学分体系改革与创新创业教育融合的探索与实践	曹菲
09	基于情景式可视化大学生创业特色教材的双创"5+3"实践教学模式改革创新	陈宏
10	专门化"2+1"专班创业人才培养新模式实践研究	刘隽
11	基于"新媒体师生工作室"的产教融合、校企协同育人创新模式的研究与实践	葛晓明
12	高职院校"专创融合"校企协同育人的教学模式研究	林青

附记

创业型大学在成长

广东岭南职业技术学院创业实训基地之后街

广东省大学生科技创新项目立项情况（管理工程学院）

序号	科技创新项目名称	负责人	科技创新项目类别	项目编号	立项时间
01	基于互联网+学校的微系统便利通平台开发与实践	胡祺哲	2016年广东省大学生科技创新项目	Pdjh2016b0853	2016.03
02	智能伞	陈靖韬	2018年广东省大学生科技创新项目	Pdjh2018b0956	2018.03
03	智能送餐包	丁建强	2020年广东省大学生科技创新项目	Pdjh2020b1377	2020.03

管理工程学院拥有的主要专利

序号	专利名称	负责人	专利类型	专利受理机构名称	批准时间
01	一种新型市场营销专用展示柜	钟雪丽	实用新型专利	中华人民共和国知识产权局	2016.06
02	一种积木玩具	翟树芹	实用新型专利	中华人民共和国知识产权局	2017.05
03	一种客户关系管理装置	钟雪丽	实用新型专利	中华人民共和国知识产权局	2017.07

管理工程学院清远校区实训基地

1. 崇正茶语创客空间　2. 茶饮创新工作室
3. 酒吧、酒水实训室　4. 智慧物流实操室

作者致谢

在《教创孵投成果与案例》教学实践探索过程中得到广东岭南职业技术学院原创业管理学院张锦喜院长、管理工程学院翟树芹院长、许宝利副院长的指导，以及中小企业创业与经营专业教研室主任林青老师、刘隽老师的帮助，在此向他们表示衷心感谢！

在《教创孵投成果与案例》撰写和设计过程中得到肖自美教授、陈志娟教授、梁铭津女士的关心和支持，在此表示深深感谢！与此同时，对南京大学出版社编辑老师在此书出版过程中的辛勤付出表示衷心的感谢！

创新型就业和实干型创业结合的复合型人才培养模式

广东岭南职业技术学院管理工程学院学生创业与实践项目展示（部分）

卤味道·潮汕卤味熟食 品牌策划书
团队：二的二次方
班级：2015级市场营销 汽车服务与评估班
成员：刘佳惠、张振良 王伊婕、林志恒
2017.06

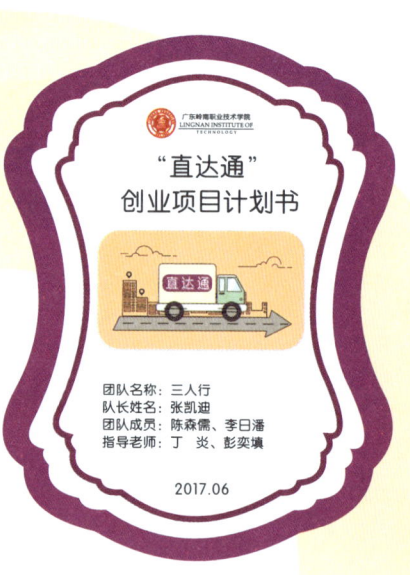

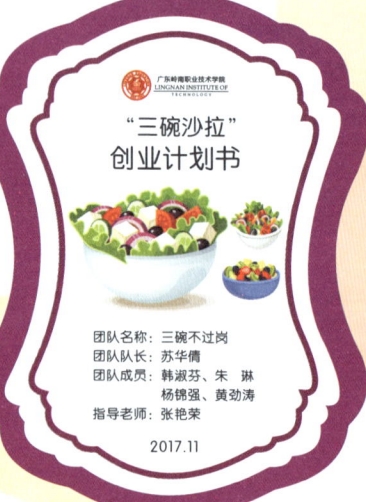

"盟柜"项目策划书
团队名称：同路人
队长姓名：黄奎燕
团队成员：陈明欣、马晓倩 黄湘钰、梁子安
指导老师：丁炎
2018.06

"鸣创茶吧"项目方案策划书
团队成员：张家辉、钱亮宇 陈念娴、黄捷
2017.06

"直达通"创业项目计划书
团队名称：三人行
队长姓名：张凯迪
团队成员：陈淼儒、李日潘
指导老师：丁炎、彭奕填
2017.06

"王星记"品牌策划书
团队：和初队
队长：彭嘉妮
成员：袁紫燕、李建娴 郑泽民、丁晓峰
2017.03

"钓鱼湾"垂钓文化渔庄 创业策划案
团队名称：江上渔者
团队队长：黄建森
团队成员：马佳璇、陈晓钤
指导老师：钟雪丽
2017.04

"丹霞岩茶"创业计划书
团队名称：山中人家
团队队长：黄伟森
团队成员：黄烨淇、黄燕珊 黄家樑、林彦彬
指导老师：张晓菊
2018.06

"三碗沙拉"创业计划书
团队名称：三碗不过岗
团队队长：苏华倩
团队成员：韩淑芬、朱琳 杨锦强、黄劲涛
指导老师：张艳荣
2017.11

附记

创业型大学在成长

广东岭南职业技术学院创业实训基地之后街

互联网+共享家居 商业计划书
- 团队名称：家在未来
- 团队队长：郭华栋
- 团队成员：张晨、曹健、张子璐
- 指导老师：陈宏
- 2017.06

趣干嘛 创业计划书
- 团队名称：趣趣趣战队
- 队长姓名：冯玉玺
- 团队成员：王旭锋、林治鑫、龙志文、魏家辉
- 指导老师：刘隽
- 2018.03

"守忆人" 创业计划书
- 团队名称：鎏金守忆人
- 队长姓名：曾祥忆
- 团队成员：莫希柏、刘逍遥、郭华练、戴承湘、詹晓佳、曹健
- 指导老师：唐磊
- 2017.11

"蛋夫人" 商业计划书
- 团队名称：电商杠把子
- 队长姓名：黄晓憎
- 团队成员：吴汉源、李运宣、陈子由、陈丽萍、吴锦跃、李泳锋
- 指导老师：谢婷婷
- 2018.03

"纸宝宝"项目 商业计划书
- 团队名称：不服来战
- 队长姓名：邓剑舒
- 团队成员：肖瑞娜、罗晓程、杨泽鑫、谢思亮
- 指导老师：王有红
- 2018.03

互联网+闲时购物APP 创业计划书
- 团队名称：闲上云间
- 团队队长：梁盛深
- 团队成员：林丝婷、陈思思、谢万京、梁倩仪
- 指导老师：陈宏
- 2018.10

"包租侠"奢侈品置换平台 创业计划书
- 团队名称：千里要留行
- 团队队长：叶家健
- 团队成员：黄勇翔、李健玮
- 指导老师：黄立君
- 2018.06

"迷你K房" 商业项目计划书
- 团队名称：K出一片天
- 团队队长：陈慕慧
- 团队成员：黄健辉、李卓禅、郑宇泽、黄子荣
- 指导老师：王有红
- 2017.11